TU CARÁCTER
IMPORTA

Incluye una Guía de Estudio con Preguntas
para Discusión en Grupo o Reflexión Personal

Registrar Este Libro

Beneficios de registrar el libro*

- ✓ GRATIS **Reposición** de libros perdidos o dañados.

- ✓ GRATIS **Libro en Audio** - *Pilgrim's Progress*, edición en audio.**

- ✓ GRATIS Información de libros nuevos y otros **obsequios**.**

www.anekopress.com/new-book-registration

*Ver en nuestra página web las condiciones y limitaciones.

**Estos recursos se encuentran solo en inglés

TU CARÁCTER
IMPORTA

Diez Rasgos de Carácter que Dios Llama
a Todo Líder Cristiano a Demostrar

J. A. JOHNSON
B. K. WOOLSEY

www.genesiscollegeandseminary.com

Tu Carácter Importa

© 2025 por J. A. Johnson y B. K. Woolsey

Todos los derechos reservados. Publicado en 2025.

Imagen del apretón de manos: Dalle

Aneko Press

www.anekopress.com

Aneko Press, Life Sentence Publishing y nuestros logotipos son marcas registradas de

Life Sentence Publishing, Inc.
203 E. Birch Street
P.O. Box 652
Abbotsford, WI 54405

RELIGIÓN / Vida Cristiana / Crecimiento Espiritual

ISBN de tapa blanda: 979-8-88936-531-0

ISBN de libro electrónico: 979-8-88936-532-7

10 9 8 7 6 5 4 3 2 1

Disponible donde se venden libros

Contenido

Para Bethanie, Hannah, Jon Jon y Daniel.
Siempre están en mis oraciones, constante-
mente en mi mente.
– J.A. Johnson

Para Izzy y Dean. Iluminan mi mundo como un
campo lleno de luciérnagas. Los amo.
– B.K. Woolsey

Introducción

Cuando alguien te dice: "Cuéntame sobre ti," ¿cómo respondes? La mayoría de las personas comienzan con su nombre y lo que hacen para ganarse la vida: "Me llamo Carlos y soy el pastor ejecutivo en la Iglesia Nuevos Horizontes." Aunque esta es una respuesta típica, no llega al corazón de quién es realmente la persona.

Tu trabajo es lo que haces. Tu carácter es quién eres. Puede que tengas un título importante y un conjunto indispensable de habilidades de liderazgo. Tal vez seas muy bueno en tu trabajo – incluso increíble. Pero sin un carácter piadoso, nada más importa. Si tienes un carácter deficiente, habrá un límite para tu utilidad para Dios, tu iglesia y tus seguidores.

Con demasiada frecuencia escuchamos sobre líderes cristianos respetados e influyentes que caen. Pueden tener carisma, visión y una gran cantidad de seguidores, pero cuando su carácter débil y su moral comprometida salen a la luz, caen en desgracia, hieren a los creyentes que los veían como guías espirituales, y dañan la reputación y el testimonio de la iglesia de Cristo ante un mundo que observa. Los líderes con mal carácter evidencian un tema más amplio que la Escritura confirma repetidamente: el carácter moldea la conducta. Específicamente, el carácter piadoso produce conducta piadosa; el carácter impío produce conducta impía.

La verdad de que el carácter moldea la conducta es evidente desde el principio de la humanidad. La serpiente era más astuta que todos los animales del campo, y su primera acción registrada fue desafiar a Dios y corromper al hombre (Génesis 3:1-6).

Qué contraste con Noé, quien solo tres capítulos después recibe una distinción rara vez atribuida a alguien en el Antiguo Testamento: Noé era un hombre justo, intachable entre sus contemporáneos. Noé caminaba con Dios (Génesis 6:9). Aunque era igualmente parte de la humanidad caída, el temor reverente y la fe de Noé moldearon su carácter piadoso, y halló gracia ante los ojos del SEÑOR y se convirtió en heredero de la justicia que viene por la fe (Hebreos 11:7).

A Dios le importa nuestro carácter. Mientras que el hombre se deja deslumbrar por las apariencias exteriores, Dios mira el corazón. Él valora un corazón limpio y un carácter piadoso más que cualquier cantidad de obras justas (Salmo 51:16-17; Isaías 1:12-20; 29:13; 66:2). Y de manera asombrosa, Él es capaz, por medio de Su Espíritu, de regenerar al corrupto, restaurar al caído y fortalecer al débil.

Grandeza en el Liderazgo

Mientras que muchos líderes buscan mejorar su conocimiento, habilidades y capacidades con la esperanza de aprender mejores métodos de liderazgo y administración en la iglesia, Dios busca algo mucho más profundo, como lo expresó claramente E. M. Bounds: "La Iglesia busca mejores métodos; Dios busca mejores hombres." [1] Dios está mucho más interesado en quién eres y en lo que puedes llegar a ser que en lo que haces y cuánto logras.

Dios mide la grandeza de manera muy diferente a la nuestra. "No son grandes talentos, ni grandes conocimientos, ni grandes predicadores lo que Dios necesita," dice Bounds, "sino hombres grandes en santidad, grandes en fe, grandes en amor, grandes en fidelidad, grandes para Dios... Estos pueden moldear una generación para Dios." [2]

Este libro trata sobre ser grande para Dios – no necesariamente hacer grandes cosas para Él, sino ser el tipo de persona guiada por el Espíritu (Gálatas 5:24-25) y que vive en arrepentimiento y dependencia diaria de Dios (1 Juan 1:9; 2:1; 3:6). Si buscas la piedad y priorizas tu carácter sobre tus métodos, Dios bendecirá tus esfuerzos y tu eficacia, y la cosecha aumentará para Su gloria.

---

1   E.M Bounds, *Power Through Prayer* (Chicago: Moody Publishers, 2009), 17.

2   Bounds, *Power Through Prayer,* 21.

Cómo Está Organizado el Libro

El objetivo de este libro es proporcionar una comprensión sólida de las cualificaciones espirituales necesarias para liderar al pueblo de Dios. Está dirigido a todos los líderes cristianos con un corazón de siervo, que desean liderar la iglesia a la manera de Dios, que quieren modelar un comportamiento semejante al de Cristo, y que están dispuestos a hacer cambios en su vida para ser grandes para Dios.

Examinamos diez dimensiones entrelazadas del carácter, extraídas de las cartas del apóstol Pablo a Timoteo y Tito (1 Timoteo 3:2-13; Tito 1:5-10). Pablo deja claro a sus dos protegidos que quienes carecen de estos rasgos de carácter no deben liderar a otros. Estas cualidades no son negociables, y sirven como estructura para los capítulos de este libro.

Pablo llama a todos los líderes cristianos a ser:

1. Irreprensible

2. Humilde

3. Servidores de Su Familia

4. Dignos de Confianza

5. Disciplinados

6. Justos

7. Amables

8. Hospitalarios

9. Amantes del Bien

10. Santos

Estas dimensiones del carácter no surgen de forma natural en nosotros, sino que se desarrollan a medida que somos conformados a la imagen de Cristo, nuestro ejemplo de carácter perfecto. Su estilo de vida en la tierra representó plenamente todo lo que Dios es, sin defecto ni mancha. A medida que te esfuerzas por parecerte a Cristo para que Él sea formado en ti (Gálatas 4:19), Dios te dará la gracia y el deseo de crecer en Su voluntad. Puedes estar seguro de que el que comenzó en ti la buena obra la perfeccionará hasta el día de Jesucristo (Filipenses 1:6). También puedes tener la certeza de que el crecimiento en el carácter piadoso es la clave para un ministerio fructífero (2 Pedro 1:5-7, 10).

Evaluación de Rasgos de Carácter

La Evaluación de Rasgos de Carácter (ERC), ubicada al final del libro, es una herramienta diseñada para ayudarte a evaluar las fortalezas y debilidades de tu carácter. Antes de comenzar el capítulo uno, completa la ERC y pide a dos personas que te conozcan bien que también la completen por ti. Pídeles respuestas honestas, lo cual te ayudará a identificar posibles áreas de crecimiento. Por favor, no ignores la ERC ni subestimes su valor. Te ayudará a detectar deficiencias de carácter que quizás no hayas notado.

Guía de Estudio

Se incluye una guía de estudio al final de este libro para ayudarte a repasar, evaluar y aplicar lo que has aprendido. Oramos para que esto te brinde formas concretas de abrirte a la obra transformadora de Dios en tu vida y ministerio. Las preguntas de esta guía pueden utilizarse tanto en estudios grupales como para la reflexión personal.

Que Dios te bendiga mientras continúas creciendo en semejanza a Cristo y siendo todo lo que Él quiere que seas. Antes de comenzar este viaje, pídele a Dios Su guía y ayuda.

Padre celestial, al leer las siguientes páginas, invito a Tu Espíritu Santo a examinar quién soy. No quiero ser una persona que carece de carácter en ninguna área de mi vida. Anhelo ser transformado a la imagen de Tu Hijo. Mi corazón es moldeable. Mi espíritu es enseñable. Por favor, transfórmame. En el nombre de Jesús oro. Amén

Capítulo 1

Sé Irreprensible

Sé irreprensible, sin pecado, sin culpa, intachable – perfecto en todos tus caminos. Jesús es el *cordero sin mancha ni defecto* (1 Pedro 1:19). Jesús vivió una vida irreprensible, y nosotros también hemos de ser *hallados por Él sin mancha ni defecto* (2 Pedro 3:14). La Biblia nos llama a:

- *ser santos y sin mancha delante de Él* (Efesios 1:4)

- *ser puros e irreprensibles para el día de Cristo, llenos del fruto de justicia que viene por medio de Jesucristo* (Filipenses 1:10-11)

- *ser irreprensibles e inocentes, hijos de Dios sin mancha en medio de una generación torcida y perversa* (Filipenses 2:15)

Ser irreprensible es el llamado de todo creyente, y es especial los líderes deben demostrarla. No es de extrañar que ser irreprochable encabece la lista de calificaciones de Pablo para los supervisores de la iglesia. Pablo le dice a Timoteo:

Palabra fiel: Si alguno anhela obispado, buena obra desea. Pero es necesario que el obispo sea irreprensible... (1 Timoteo 3:1-2)

De manera similar, Pablo comienza sus instrucciones a Tito diciendo que un *supervisor, como administrador de Dios, debe ser irreprensible* (Tito 1:7).

Ser irreprensible (griego: *anepíleptos*) significa ser intachable o que no se le pueda acusar de manera válida, de modo que no haya ningún cargo verdadero que pueda presentarse contra un líder. Su vida y conducta no deben dar motivo para manchar el evangelio ni el testimonio de la iglesia ante el mundo. No debe ser *arrogante ni iracundo, ni borracho, ni violento, ni codicioso de ganancias deshonestas* (Tito 1:7). En cambio, debe demostrar una vida moldeada por el evangelio, viviendo de tal manera que honre, y no deshonre, a Dios.

Todos los ojos están puestos en los líderes de la iglesia. Modelamos a nuestras congregaciones cómo vivir y comportarse, siendo ejemplo para los *creyentes en palabra, conducta, amor, fe y pureza* (1 Timoteo 4:12). Por lo tanto, es imperativo que:

- practiquemos lo que predicamos

- obedezcamos las leyes (que no contradicen el evangelio)

- digamos la verdad

- evitemos el chisme

- nos mantengamos firmes en la fe en medio
  de pruebas y tribulaciones

- vivamos una vida piadosa en la comunidad,
  en la iglesia y en el hogar

Pablo no solo dice que un supervisor debe ser irreprensible. Él dice: *Como administrador de Dios... sea irreprensible* (Tito 1:7). La palabra griega para administrador (*oikonomos*) significa alguien que tiene un encargo en el servicio del evangelio. Es un llamado elevado, una gran responsabilidad, y no podemos tomarlo a la ligera.

Hay muchas dimensiones entrelazadas del carácter en las cartas de Pablo a Timoteo y Tito, y la primera, el ser irreprensible, marca la pauta para todas las demás. Al buscar ser un líder que administra la casa de Dios, estar por encima de reproche no es negociable. A continuación, se presentan varias maneras de cultivar el ser irreprensible en tu vida y ministerio.

1. Busca la Piedad

Es fácil para los líderes de la iglesia quedar atrapados en la labor del ministerio y descuidar la obra que el Espíritu Santo quiere hacer para que sean más piadosos. La búsqueda de la piedad debe ser nuestra prioridad más alta. El énfasis continuo de Pablo en la vida piadosa resalta su importancia. Solo en 1 Timoteo, Pablo dice:

- *vivanos quieta y reposadamente en toda
  piedad y honestidad* (2:2)

- *ejercítate para la piedad* (4:7)

- *la piedad para toda aprovecha* (4:8)

- *ser piadosos para con su propia familia* (5:4)

- *la doctrina que es conforme a la piedad* (6:3)

- *gran ganancia es la piedad acompañada de contentamiento* (6:6)

- *sigue la justicia, la piedad, la fe, el amor, la paciencia, la mansedumbre* (6:11)

Cuando vives una vida centrada en Dios y sometida a la voluntad del Espíritu Santo, la vida piadosa es el resultado. Dado que la iglesia es el hogar de Dios, sus administradores deben atenderla como Él lo haría. Son representantes de Dios (Efesios 4:11-14; Hebreos 13:7), y la iglesia misma es un reflejo del carácter de Dios. Por lo tanto, es vital que el hogar de Dios sea dirigido por líderes piadosos.

2. Sé Piadoso Incluso Cuando Nadie Te Ve

¿Qué tipo de persona eres cuando nadie te está mirando? La respuesta a esta pregunta revela tu verdadero carácter. Tú y yo podemos aparentar una fachada delante de otros e incluso tener la apariencia de piedad (2 Timoteo 3:5), pero nuestro verdadero yo sale a la luz cuando estamos solos con nuestros pensamientos y comportamientos privados.

El rey David tomó la decisión de caminar con integridad en su vida privada. Dijo: *"Entenderé el camino de la perfección... En la integridad de mi corazón andaré en medio de mi casa; no pondré delante de mis ojos cosa injusta"* (Salmo 101:2-3). Job también tomó una decisión de integridad personal: *"Hice un pacto con mis ojos de no mirar con codicia a ninguna joven"* (Job 31:1, NVI). Si solo somos piadosos delante de los demás, no somos mejores que los fariseos cuyas acciones eran meramente externas – para que otros las vieran – y no provenían del corazón, el cual estaba lejos de Dios (Marcos 7:6).

Para ser personas íntegras, debemos enfocarnos en nuestro interior, lo que David llama *lo íntimo* y *en lo secreto* (Salmo 51:6). A Dios le agrada la integridad en ese lugar interno de nuestras vidas que nadie más ve – ese lugar donde somos más honestos con nosotros mismos. Pablo le dijo a Timoteo: *"El propósito de este mandamiento es el amor nacido de corazón limpio, y de buena conciencia, y de fe no fingida"* (1 Timoteo 1:5). Solo tú y Dios saben si tu corazón es puro, si tu conciencia es buena, y si tu fe es real.

En el Salmo 19, David se regocija en la ley del Señor, que expone todos los escondites del alma. Dice que los mandamientos del Señor son más deseables que el oro (v. 10), porque sirven como advertencia de que hay pecados ocultos en su corazón (vv. 11-12). David le pidió a Dios que lo limpiara de faltas ocultas: *"Preserva también a tu siervo de las soberbias; que no se enseñoreen de mí; Entonces seré íntegro, y estaré limpio de gran rebelión"* (v. 13). Luego ofreció una oración que es relevante para todos los que buscan andar con integridad en su vida privada: *"Sean gratos los dichos de mi boca y la meditación de mi corazón delante de ti, oh Jehová, roca mía, y redentor mío"* (v. 14).

Cuando nos proponemos ser piadosos aun cuando

nadie nos observa, no solo tendremos una conciencia limpia delante de Dios, sino que también produciremos los frutos que se requieren de nosotros como líderes. Las acciones obedientes y piadosas fluyen de nuestro ser interior. El carácter siempre moldea la conducta.

3. Pídele a Dios Que Te Muestre las Brechas en Tu Carácter

Los líderes cristianos deben tener cuidado de sí mismos, guardando su pureza espiritual y moral (Hechos 20:28; 1 Timoteo 4:16). Si no te vigilas, te volverás insensible al engaño del pecado. Hay quienes tienen la conciencia cauterizada (1 Timoteo 4:2) y ya no son guiados por ella hacia una vida piadosa. Se han endurecido a la verdad y no sienten remordimiento por hacer lo malo. Examinarte diariamente (2 Corintios 13:5) mantendrá la comunicación y comunión abierta con el Señor, brindando la oportunidad de prevenir el pecado y evitar caer en la trampa del diablo.

Tal vez ya sepas cuáles son tus áreas de debilidad – aquellos aspectos de tu vida en los que eres más vulnerable, o brechas en tu carácter. O tal vez no estés consciente de ellas. Invita al Espíritu Santo a revelarte cualquier área que deshonre a Dios. David oró: *"Examíname, oh Dios, y conoce mi corazón; pruébame y conoce mis pensamientos; y ve si hay en mí camino de perversidad, y guíame en el camino eterno"* (Salmo 139:23-24).

Cuando le pides a Dios que te muestre en qué estás fallando con respecto a la pureza ética y moral, Él te revelará áreas en las que no te pareces a Cristo y creará en ti un corazón limpio (Salmo 51:10). Esa es Su parte. ¿Cuál es la nuestra? Debemos despojarnos *del viejo hombre, que está viciado conforme a los deseos engañosos*, y ser renovados *en el espíritu de nuestra mente* (Efesios 4:22-23). Esto nos permite pensar de manera nueva y piadosa para revestirnos *del nuevo hombre, creado según Dios en la justicia y santidad de la verdad* (Efesios 4:24).

4. Establece Barandales de Carácter

Los barandales de carácter son pasos que tomas para evitar ponerte en situaciones donde podrías pecar o ser acusado de algo impropio. Los barandales son una forma de vigilarte a ti mismo (Efesios 4:16). Así como vemos barandales en caminos al borde de un precipicio, que nos protegen del desastre, los barandales de carácter nos protegen de desviarnos del camino de la piedad.

John Maxwell, experto en liderazgo y autor de bestsellers, dice que uno de sus posibles tropiezos es vivir del brillo de la admiración. Para ayudarle a enfocarse en su integridad y no en su imagen, se hace tres preguntas como barandales que lo mantienen en el camino correcto:

1. *La pregunta de la consistencia.* ¿Soy la misma persona sin importar con quién estoy?

2. *La pregunta de las decisiones.* ¿Tomo

decisiones que son mejores para otros,
incluso cuando otra opción me beneficiaría a mí?

3. *La pregunta del reconocimiento.* ¿Reconozco
rápidamente a otros por sus esfuerzos y
contribuciones a mi éxito?[3]

Establecí barandales formales en mi vida cuando tenía
cuarenta y nueve años. Me di cuenta de que seguramente ya había vivido la mitad de mi vida, y quería
asegurarme de que el resto estuviera dedicado a vivir
con un carácter piadoso. Creé un pacto de cincuenta
resoluciones que detallaban el tipo de persona que
quería ser. Por ejemplo, durante la primera mitad de
mi vida recurrí a muletas como el alcohol para escapar
del estrés o manejar dificultades. Así que la resolución
número 41 identifica esto como un peligro:

"#41. Resuelvo correr hacia Jesús cuando
vengan las pruebas, y no automedicarme
para escapar."

Con una devoción inquebrantable, miro
a Jesús como aquel a quien debo correr
cuando estoy cansado o agobiado. El alcohol, el cannabis, las pastillas y la pornografía adormecen el dolor temporalmente
mientras profundizan la herida, pero
Jesús sana el dolor y venda las heridas del

3   John Maxwell, *Developing the Leader Withing You 2.0* (Nashville: Harper Collins Leadership, 2018), 62.

quebrantado (Salmo 147:3). Así que correré
a Jesús cuando los tiempos difíciles inten-
ten robarme el gozo.

Ojalá hubiera creado tales barandales cuando era más
joven. Si me hubiera enfocado en mi carácter y trazado
líneas que nunca debían cruzarse, me habría ahorrado
a mí y a otros mucho dolor y sufrimiento.

¿Tienes barandales formales para mantenerte en el
camino de la piedad? Tal vez podrías hacerte algunas
preguntas como las de John Maxwell, o quizá sea el
momento de escribir tu propio conjunto de resoluciones
sobre el tipo de persona y líder que quieres ser. Sea lo
que sea que decidas, sé intencional al vigilarte.

5. Establece un Sistema para Tomar Responsabilidad

Cuando estás buscando cultivar la irreprochabilidad
en tu vida, tomar responsabilidad es esencial. Necesitas
supervisión para asegurarte de que estás tomando
decisiones piadosas, conduciéndote de una manera
digna del evangelio y viviendo por encima del reproche.
No puedes permitirte estar aislado, y un sistema para
tomar y tener es una de las mejores formas de evitarlo.[4]

Después de redactar mis cincuenta resoluciones,
pedí a un par de amigos cercanos que me ayudaran a
mantenerme fiel al pacto que había hecho. Les pedí que

---

4   Brad Lomenick, *The Catalyst Leader* (Nashville: Thomas Nelson, 2013), 147.

me confrontaran si notaban que me estaba desviando del camino de la justicia.

Al establecer una relación para tomar responsabilidad con alguien, ten en cuenta lo siguiente:

1. Asegúrate de que la persona sea del mismo sexo (a menos que sea tu cónyuge).

2. Asegúrate de que sea alguien en quien confíes.

3. Sé real. Los sistemas para tomar responsabilidad solo funcionan si tienes el valor y la humildad para ser honesto y transparente. Si no, estarás fingiendo, lo cual refleja mal carácter.

4. Da permiso a esa persona para hablar a tu vida. Solo te beneficiarás si quien te supervisa se siente libre de ser sincero contigo.

5. Controla tu orgullo. No dejes que tu ego sea un obstáculo para tu crecimiento. Es fácil ponerse a la defensiva cuando otros señalan tus errores. Si realmente deseas cambiar para bien, recuerda que las correcciones no son ataques, sino oportunidades para mejorar. Responde con gratitud y usa sus respuestas como un medio de gracia para parecerte más a Cristo.

Todo líder necesita tomar responsabilidad. Nadie es demasiado espiritual ni demasiado moral como para no cometer errores o malas decisiones. Tomar responsabilidad es un barandal que te ayuda a permanecer en el camino recto y estrecho de la piedad, para que seas un líder irreprensible.

A medida que te esfuerzas por vivir una vida y ministerio sin reproche, (1) busca la piedad, (2) sé virtuoso cuando nadie te vea, (3) pídele a Dios que te muestre las brechas en tu carácter, (4) establece barandales de carácter y (5) crea un sistema para tomar responsabilidad. Si eres un líder irreprensible, serás un ejemplo que otros querrán seguir. Ganarás la confianza de quienes lideras, y eso te posicionará para marcar una diferencia en sus vidas. Y aún mejor: aquellos que aún no forman parte de tu iglesia verán que eres auténtico, y tu testimonio piadoso de justicia te convertirá en un representante creíble del evangelio ante el mundo.

Jesús es Nuestro Modelo de Irreprochabilidad

Jesús no conoció pecado (2 Corintios 5:21). No cometió pecado, ni se halló engaño en su boca (1 Pedro 2:22). Incluso Pilato, el gobernador romano que tenía autoridad para condenar y castigar a Jesús, dijo ante la multitud: *"Ningún delito hallo en este hombre"* (Lucas 23:4). Pilato repitió esta verdad dos veces más (Lucas 23:14, 22). Como líderes cristianos conformados a la imagen de Cristo, esas mismas palabras que Pilato dijo de Jesús deberían poder decirse de nosotros.

Porque Jesús llevó nuestros pecados en su cuerpo sobre el madero, para que muramos al pecado y vivamos a la justicia (1 Pedro 2:24), podemos ser liberados de todo lazo con el pecado. Jesús es capaz de guardarnos sin caída y presentarnos sin mancha delante de su gloria con gran alegría (Judas 1:24).

No trates de ser irreprensible por tus propias fuerzas. Aunque hay maneras de cultivar ser irreprensible, confía en el poder de Dios mediante la fe en Cristo para moldearte como una persona y un líder sin reproche.

Capítulo 2

Sé Humilde

¿Alguna vez has trabajado para alguien que estaba lleno de sí mismo? Yo sí. Yo mismo. Como pastor, he sido mi propio jefe. He sido ese líder que cree saberlo todo – ese líder cuyas ideas siempre son las mejores y correctas. Pero gracias a Dios, el orgullo de ese líder ha ido siendo desgastado mientras busca ser transformado más y más a la imagen de Cristo.

Pablo sabía que no había lugar para el orgullo en el liderazgo de la iglesia. Le dijo a Tito que un supervisor no debía ser arrogante (Tito 1:7). Las personas arrogantes creen que son superiores a todos los demás. Piensan que tienen las mejores ideas, los mejores métodos y el mayor talento. También tienden a competir constantemente. Si tú puedes hacer algo, ellos lo hacen mejor. Si lograste un éxito, ellos lo superan.

Pablo dice que debemos superarnos los unos a los otros, pero no en demostrar superioridad: *"En cuanto a honra prefiriéndoos los unos a los otros"* (Romanos 12:10).

Un líder honra a aquellos a quienes sirve cuando antepone sus necesidades a las propias.

La humildad (griego: *tapeinophrosune*) es tener una opinión modesta de tu propia importancia o estatus. Las personas humildes:

- no piensan demasiado alto de sí mismas

- no creen que son mejores que los demás

- no se jactan de sus logros

- se enfocan en los demás y rara vez hablan de sí mismas

- desvían los elogios no dañado crédito a otros con gusto

- no se sienten por encima de realizar tareas humildes

- son honestas acerca de sus fallas y debilidades

En Filipenses 2, Pablo nos dice cómo practicar la humildad dentro de la comunidad de creyentes. De su enseñanza podemos extraer al menos cuatro marcas de un líder humilde:

1. Los Líderes Humildes No Son Ambiciosos Egoístamente

Pablo dice: *"Nada hagáis por contienda o por vanagloria..."* (Filipenses 2:3). Las personas ambiciosas egoístamente están decididas a avanzar sus propias agendas a cualquier costo. Tener ambición no está mal, pero esta no debe ser interesada. Pablo era ambicioso, pero fíjate que su ambición estaba dirigida a servir a los demás y a Dios:

> *"Vosotros sabéis cómo me he comportado entre vosotros todo el tiempo, desde el primer día que entré en a Asia, sirviendo al Señor con toda humildad y, con muchas lágrimas, y pruebas...y como nada que fuese útil he rehuido de anunciaros y enseñaros... testificando a judíos y a gentiles acerca del arrepentimiento para con Dios, y de la fe en nuestro Señor Jesucristo... ni estimo preciosa mi vida para mí mismo, con tal que acabe mi carrera con gozo, y el ministerio que recibí del Señor Jesús, para dar testimonio del evangelio de la gracia de Dios."* (Hechos 20:18-24)

Pablo entregó su vida para ayudar a otros a creer y recibir el evangelio. Su enfoque estaba en servir a los demás y a Jesús. Esa es la humildad en acción que estamos llamados a demostrar en nuestras propias vidas.

2. Los Líderes Humildes No Tienen Hambre de Honor

Pablo escribió: *"Nada hagáis... por vanagloria"* (Filipenses 2:3). Aquellos que son vanagloriosos desean ser estimados por los demás. La palabra vanagloria "connota un hambre de honor, reconocimiento y estatus."[5] No hay lugar para tal hambre en la vida de un cristiano, y mucho menos en la de un líder cristiano. Si tenemos el gozo y la consolación profundos que provienen de Cristo, no necesitaremos la aprobación de los demás.

3. Los Líderes Humildes Consideran a los Demás como Superiores

Además de no actuar por egoísmo ni vanagloria, Pablo añade: *Antes bien con humildad, estimando cada uno a los demás como superiores a él mismo* (Filipenses 2:3).

Las personas orgullosas miran por encima del hombro a los demás. Creen que son mejores que los otros, y siempre se están comparando. C. S. Lewis dijo: "Es la comparación lo que te hace orgulloso; el placer de estar por encima del resto."[6] Ese placer se manifiesta cuando sentimos que tenemos:

- un título universitario más prestigioso

- un salario mejor

- hijos mejor comportados

- una iglesia más grande

- un cuerpo más atlético

- una casa o un auto más impresionante

---

5   Timothy Keller, *Gospel in Life Study Guide* (Grand Rapids: Zondervan, 2010), 188.

6   C.S. Lewis, *Mere Christianity* (New York: Macmillan, 1952), 109-110.

Si creemos que somos mejores o que debemos serlo, nunca podremos considerar a otros como superiores; estaremos demasiado enfocados en nuestra propia importancia.

Los líderes orgullosos se exaltan a sí mismos. En la mitología griega, Narciso se enamoró de su propio reflejo en el agua. Una persona orgullosa tiende al narcisismo, admirando e idolatrando sus habilidades y talentos, mientras minimiza las de los demás. Como líderes cristianos, no debemos permitir ni un rastro de narcisismo en nuestras vidas. Para ayudarte a evaluar tu opinión sobre ti mismo, responde honestamente estas preguntas:

¿Hasta qué punto...

- me siento superior a los que trabajan para mí?

- no reconozco con regularidad a quienes me han ayudado?

- desestimo las motivaciones y logros de los demás?

- espero que otros me sirvan o se sometan a mí?

- pongo mi éxito por encima del de otros?

- actúo de formas que parecen egocéntricas para quienes me rodean?[7]

---

7   John Maxwell, *Developing the Leader Within You 2.0* (Nashville: Harper Collins Leadership, 2018), 51.

Estas preguntas nos ayudan a ver si albergamos sentimientos de superioridad.

4. Los Líderes Humildes Sirven a Sus Seguidores

Pablo escribió: *"No mirando cada uno por lo suyo propio, sino cada cual también por lo de los otros"* (Filipenses 2:4). Es natural que busquemos lo nuestro, pero debemos aplicar ese mismo nivel de preocupación por las necesidades de quienes servimos. Una buena pregunta para hacerse es: "¿Tomo decisiones que benefician a otros, incluso cuando otra opción me beneficiaría más a mí?"[8]

Como Pablo, debemos tratar de agradar a todos en todo lo que hacemos, no buscando nuestro propio beneficio (1 Corintios 10:33).

Cuando nuestras decisiones y acciones se centran en nosotros mismos, violamos nuestro llamado al servicio humilde. Estamos llamados a mirar por los intereses de los demás y a servir a quienes lideramos, siguiendo el ejemplo de Cristo, quien vino no para ser servido, sino para servir, y para dar su vida en rescate por muchos (Mateo 20:28).

Ser Humilde

Los líderes humildes no son ambiciosos por egoísmo ni tienen hambre de honor. Consideran a los demás como superiores a sí mismos y sirven a sus seguidores,

---

8   Maxwell, *Developing the Leader Within You 2.0* (Nashville: Harper Collins Leadership, 2018)

anteponiendo las necesidades ajenas a las propias. Estas son las marcas de humildad que Pablo nos llama a mostrar.

El hilo conductor de todas estas marcas es **el** desinterés propio. A medida que nos volvemos más desinteresados, esto se reflejará en cada área de nuestro liderazgo. Desviaremos la gloria y la alabanza hacia Dios. Estaremos dispuestos a realizar tareas humildes. Daremos tiempo a quienes no pueden ofrecernos nada a cambio. Seremos transparentes acerca de nuestras debilidades, sin sentir la necesidad de impresionar. Seremos desinteresados porque nuestro Salvador lo fue, y porque queremos que nuestras vidas y ministerios reflejen a Él. Los líderes semejantes a Cristo son humildes.

Juan el Bautista fue un líder así. Él fue el Elías profetizado que había de venir (Mateo 11:14), de quien Jesús dijo: Entre los que nacen de mujer no se ha levantado otro mayor (Mateo 11:11). Sin embargo, Juan no se consideraba digno ni siquiera de llevar las sandalias de Cristo (Mateo 3:11). Cuando leemos sobre su ministerio, descubrimos que se negaba a recibir elogios o alabanzas. En cambio, dijo: Es necesario que él crezca, pero que yo mengüe (Juan 3:30). Que eso mismo se diga de nosotros también.

Jesús Es Nuestro Modelo de la Humildad

La humildad se cultiva en nuestras vidas cuando emulamos el carácter de Cristo, quien fue humilde en todos sus caminos. Nació en circunstancias humildes, en un pesebre para animales (Lucas 2:12). Tuvo un oficio humilde, trabajando como carpintero con su padre terrenal (Marcos 6:3). Incluso vivió en una ciudad humilde. Cuando Felipe animó a Natanael a seguir a Jesús, Natanael preguntó: ¿De Nazaret puede salir algo de bueno? (Juan 1:46). Jesús sirvió humildemente a otros, como se demuestra claramente cuando se arrodilló para lavar los pies de sus discípulos (Juan 13:5).

La máxima expresión de la humildad de Cristo se muestra en su crucifixión. Pablo escribió:

> *Haya, pues, en vosotros este sentir que hubo también en Cristo Jesús, el cual, siendo en forma de Dios, no estimó el ser igual a Dios como cosa a que aferrarse, sino que se despojó a sí mismo, tomando forma de siervo, hecho semejante a los hombres; Y estando en la condición de hombre, se humilló a sí mismo, haciéndose obediente hasta la muerte, y muerte de cruz.* (Filipenses 2:5-8)

Este pasaje nos da un vistazo a la humildad de Cristo. Él:

- renunció a sus derechos y estatus
- dejó de lado sus privilegios
- se hizo siervo
- fue obediente a Dios en medio del sufrimiento
- se humilló en la cruz, una humillación reservada para los criminales más notorios

Sigue el ejemplo de Cristo y vístete de humildad (1 Pedro 5:5). Al hacerlo, Dios te colmará de sus bendiciones, garantizado. Él da gracia a los humildes (1 Pedro 5:5) y promete exaltar al que se humilla (Mateo 23:12).

Capítulo 3

Sé un Administrador de Tu Familia

¿Engañas a tu cónyuge usando pornografía o teniendo pensamientos sexuales sobre alguien que no es tu cónyuge? ¿Le robas a tus hijos oportunidades de crecer en madurez espiritual al no corregir sus malas actitudes o comentarios irrespetuosos? ¿Has demostrado que puedes dirigir tu familia estableciendo expectativas y tradiciones piadosas?

Si tienes dificultades para ser una guía espiritual para las personas que más amas, estarás limitado en tus esfuerzos por liderar a otros en la iglesia de Dios. Tu hogar es el campo de prueba de tu carácter.

Ser un administrador fiel de tu familia puede parecer más una responsabilidad que un atributo de carácter, pero Pablo menciona el manejo del hogar como un requisito para ser anciano en la casa de Dios. Pablo comenzó su discusión sobre asuntos familiares diciendo que los esposos deben ser maridos de una sola mujer (1 Timoteo 3:2). Aunque hay mucha discusión teológica sobre el significado de este versículo, podemos estar seguros de que prohíbe la infidelidad conyugal[9]. Pablo también le dijo a Timoteo cómo debe un anciano administrar su familia. Pablo dijo: Que gobierne bien su casa, que tenga a sus hijos en sujeción con toda honestidad, (pues el que no sabe gobernar su propia casa, ¿cómo cuidará de la iglesia de Dios?) (1 Timoteo 3:4-5).

El liderazgo espiritual comienza en casa. Debemos ser esposos y padres piadosos si queremos estar calificados para cuidar del pueblo de Dios. Aquí hay varias maneras de cultivar tu carácter en el hogar:

1. Ama Desinteresadamente a Tu Cónyuge

Las esposas deben amar a sus esposos y someterse a ellos, respetándolos como los líderes espirituales del hogar (Tito 2:4-5; Efesios 5:22-24). La palabra "someterse" puede parecer opresiva en la sociedad secular actual, pero Pablo no está defendiendo un ejercicio autoritario y egoísta del poder. Tampoco está diciendo que la esposa sea inferior al esposo. Pablo simplemente está describiendo el orden de las relaciones según Dios. La cabeza de la mujer es su esposo, la cabeza del esposo es Cristo, y la cabeza de Cristo es Dios (1 Corintios 11:3).

---

9   El sentido de "marido de una sola mujer" es muy debatido. ¿Estaban Pablo hablando de polígamos? Para una discusión de varias opinions sobre el sentido de esta frase vea nota en 1 Timoteo 2:2-3 en *ESV Study Guide Bible* (Wheaton: Crossway, 2008). Sea la opinion que usted tenga, lo que sabemos por Seguro es que Dios prohibe todo tipo de infidelidad matrimeonial (Hebreas 13:4).

La esposa no es inferior al esposo, así como Cristo no es inferior al Padre. Jesús y el Padre son iguales en deidad y atributos (Juan 5:19; 10:30; Colosenses 1:15). Sin embargo, Jesús se somete al Padre (Juan 5:36; 10:37; 14:28, 31).

La sumisión bíblica es un fenómeno hermoso. La esposa se coloca bajo la protección y provisión de su esposo, y el esposo se esfuerza por servir sus necesidades emocionales, físicas y espirituales. Las esposas aman a sus esposos al someterse a ellos, y los esposos aman a sus esposas siguiendo el ejemplo de amor de Cristo. Pablo dijo: Maridos, amad a vuestras mujeres, así como Cristo amó a la iglesia, y se entregó a sí mismo por ella (Efesios 5:25).

Los esposos tienen una enorme responsabilidad. Así como Jesús se entregó por la iglesia mediante su muerte sacrificial en la cruz, los esposos deben estar dispuestos a dar su vida por sus esposas. Eso puede implicar un sacrificio literal, pero en realidad significa sacrificar el yo. El ego, las preferencias y los deseos personales deben quedar en segundo plano para poner los intereses de la esposa en primer lugar. Los esposos están obligados por amor a garantizar que sus esposas encuentren en el matrimonio una fuente de plenitud y servicio gozoso al Señor.[10]

Los esposos y esposas son iguales, aunque con roles diferentes. Cuando la esposa se somete a su esposo y él cumple con su responsabilidad sacrificial hacia ella,

---

10   S. M. Baugh, Ephesians Study Notes in the *ESV Study Bible* (Wheaton: Crossway, 2008). Ve notas en Efesios 5:25, p. 2272

ambos muestran piedad y glorifican a Dios en su unión matrimonial.

Mientras cultivas una relación amorosa con tu cónyuge, considera estas expectativas:

- No guardes secretos ni ocultes nada a tu cónyuge.

- Sé considerado con los sentimientos de tu pareja.

- Pon las necesidades de tu cónyuge por encima de las tuyas.

- Muestra aprecio incluso por las cosas pequeñas.

- Expresa tu amor a diario; que tus acciones hablen más fuerte que tus palabras.

- Recuerda que están en el mismo equipo; si alguien "gana" una discusión, la relación pierde.

- No estés a solas con alguien del sexo opuesto.

- Sé lento para enojarte, rápido para perdonar.

Finalmente, esposos, hagan todo lo posible para que sus esposas sepan que son amadas y protegidas. Sean leales y ayuden a sus esposas a sentirse seguras en la relación. Esposas, asegúrense de que sus esposos se sientan necesitados, admirados y apreciados. Al tratarse con amor y respeto desinteresado, pueden estar seguros de que eso será correspondido.

2. Practica la Pureza Sexual

Hay muchas maneras de demostrar integridad en el matrimonio, pero estas tres son esenciales para todo líder:

1. Deja la pornografía hoy mismo. La pornografía es un pecado secreto que atrapa y devora a muchos líderes de iglesia. Pueden pensar que están siendo fieles a sus esposas porque no cometen adulterio físico, pero en realidad están engañando a sus parejas con relaciones del corazón. Jesús dijo que el que mira a una mujer para codiciarla, ya cometió adulterio con ella en su corazón (Mateo 5:28).

William Mounce habla del uso generalizado de la pornografía entre pastores y líderes cristianos. Uno de sus amigos es consejero cristiano y ofrece terapia grupal para pastores y ancianos con adicciones sexuales. Su amigo dijo: "No se puede enfrentar el problema de la pornografía en la iglesia sin enfrentar el problema en el liderazgo."[11]

Esto es un intento de enfrentar el problema. Si luchas con la pornografía u otras adicciones sexuales, busca ayuda hoy. La ayuda puede venir de muchas formas, incluyendo consejería profesional o confiado en alguien de confianza que pueda ayudarte a rendir cuentas para mantenerte moralmente puro.

Compartir tus luchas y pedir ayuda requiere humildad. Requiere valentía. Si una persona con adicción sexual decide no enfrentarla, la Biblia asegura que habrá consecuencias graves (Efesios 5:5). Ningún pecado

---

11   William Mounce, "Biblical Leadership in the Pastoral Epistles," p. 7. Acceso obtenido 5 Octubre, 2021. www.biblicaltraining.org.

permanece oculto (Lucas 12:2-3). El autor de Hebreos dijo: Honroso sea en todos el *matrimonio, y el lecho sin mancilla; pero a los fornicarios y a los adúlteros los juzgará Dios* (Hebreos 13:4). La palabra griega para "fornicario" es *pornos*, que se refiere a quien participa en conducta sexual fuera del matrimonio. Quien consume pornografía es sexualmente inmoral y está sujeto al juicio disciplinario de Dios.

Los líderes tienen una responsabilidad mayor de ser sexualmente puros. Todos daremos cuenta a Dios (Hebreos 13:17), pero Él juzga a los maestros y líderes con mayor severidad (Santiago 3:1). Donde hay mayor responsabilidad, hay mayores expectativas.

2. Mantén tus ojos solo en tu cónyuge. "Puedes mirar, pero no tocar" es un dicho del mundo, pero no se aplica en el reino de Dios. Mirar innecesariamente abre el corazón y la imaginación a alguien que no es tu pareja. Job buscó la justicia en todas las áreas de su vida, incluyendo la pureza moral. Hizo un pacto con sus ojos de no mirar con codicia a ninguna mujer (Job 31:1). Hacer tal pacto requiere intención. Requiere una decisión. Decide hoy que tu corazón pertenece a Dios y que tus ojos pertenecen solo a tu cónyuge.

3. Disfruta sexualmente de tu cónyuge. El rey Salomón dijo: Bebe el agua de tu misma cisterna y Alégrate con la mujer de tu juventud (Proverbios 5:15, 18). Esta es una llamada a disfrutar del cónyuge que Dios te ha dado. Cualquier deseo sexual debe expresarse con tu pareja. El esposo debe dejar que los pechos de su esposa

lo satisfagan en todo momento y estar embriagado de su amor (Proverbios 5:19). Proverbios 5 se pone algo intenso, subrayando la verdad de que tu cónyuge es un regalo de Dios y traerá satisfacción y compañía por toda la vida.

3. Establece Expectativas Piadosas para Tu Familia

Pablo le dice a Timoteo que los supervisores de la iglesia deben saber gobernar bien sus casas y, con toda dignidad, mantener a sus hijos en sujeción (1 Timoteo 3:4). Pablo no está sugiriendo que los padres gobiernen sus hogares con mano de hierro, ni está promoviendo medidas draconianas. Más bien, está haciendo un llamado al respeto dentro de la familia y a que los hijos obedezcan las reglas del hogar.

Establece expectativas innegociables en tu hogar. Insiste en que tus hijos:

- Obedezcan a ti y a tu cónyuge.

- Te respeten y respeten tu autoridad. *(No permitas que usurpen tu autoridad respondiendo, siendo sarcásticos o discutiendo contigo.)*

- Practiquen la amabilidad con todos en el hogar.

- Digan la verdad.

- Cumplan con sus tareas.

- Tengan buenas actitudes.

- Demuestren comportamiento piadoso dentro y fuera del hogar.

- Asistan a los servicios de la iglesia y reuniones de comunión contigo.

Convertirse en un administrador piadoso del hogar conlleva el beneficio adicional de formar carácter piadoso en tus hijos. Este tipo de padre es el que Dios puede usar para dirigir Su iglesia.

Jesús es Nuestro Ejemplo como Administrador de la Familia

Jesús es el esposo perfecto. Ama a Su esposa, la iglesia, tanto que se entregó por ella para santificarla y presentarla sin mancha ni arruga (Efesios 5:25-27).

Jesús también mostró perfección en sus relaciones familiares. Fue el hijo humano perfecto (ver Hebreos 5:9). Se fortaleció, se llenó de sabiduría y experimentó el favor de Dios (Lucas 2:40). Fue el hijo adulto perfecto, al cuidar de su madre incluso mientras colgaba en la cruz (Juan 19:26-27). Demostró perfección como Hijo de Dios, sabiendo a los doce años que debía ocuparse de los asuntos de Su Padre (Lucas 2:49). Como Hijo de Dios, aprendió obediencia a través del sufrimiento en su experiencia humana (Hebreos 5:8).

Jesús también es el padre perfecto – no debe confundirse con Su Padre celestial ni con el nuestro. Más bien, Jesús es el **Padre Eterno** (Isaías 9:6), o el protector benevolente, rol que cumplían los reyes al cuidar de su pueblo (Isaías 22:21). Como nuestro Padre Eterno, el cuidado y la provisión de Jesús por nosotros nunca cesarán. Amén.

Capítulo 4

Sé Digno de Confianza

Si tuvieras que elegir, ¿preferirías contratar a alguien con grandes habilidades en su puesto o a alguien que sea digno de confianza? Un presentador planteó esta pregunta en una conferencia de pastores a la que asistí (J. J.). Todos los asistentes coincidieron unánimemente en que preferirían contratar a una persona confiable. Las habilidades se pueden adquirir, pero la falta de confiabilidad revela algo fundamental sobre el carácter de una persona.

Las cualificaciones que Pablo establece para el liderazgo en sus cartas a Timoteo y Tito implican la confiabilidad (los líderes deben ser dueños de sí mismos, respetables, rectos y no codiciosos de ganancias deshonestas), pero Pablo se refiere explícitamente a esta cualidad en 2 Timoteo 2:2 cuando explica quién es digno de avanzar el evangelio: *Lo que has oído de mí ante muchos testigos, esto encarga a hombres fieles, que sean idóneos para enseñar también a otros.*

Para que el evangelio sea preservado para las futuras generaciones, debía estar en manos de aquellos que fueran fieles (*griego: pistos* – fiel, verdadero, confiable) y competentes.

Cuando Jetro observó que su yerno Moisés cargaba solo con la responsabilidad de juzgar al pueblo de Israel, le dijo que delegara responsabilidades, pero no a cualquiera. Le aconsejó:

> *Escoge tú de entre todo el pueblo varones de virtud, temerosos de Dios, varones de verdad, que aborrezcan la avaricia* (Éxodo 18:21).

Jetro sabía que los líderes debían ser hombres piadosos y con buena moral. De lo contrario, no se podía confiar en que cumplieran fielmente con sus responsabilidades.

La iglesia necesita ser guiada por personas responsables y honestas, que puedan servir como ejemplos de piedad y pureza. A continuación, tenemos algunas formas de desarrollar la confiabilidad en tu vida y ministerio para que tú también puedas ser digno de confianza con el evangelio:

1. Sé Confiable

La confiabilidad es una de las marcas principales de la confianza. Si no eres confiable, los demás no confiarán en ti. Las personas quieren seguir a líderes en quienes puedan apoyarse. Para ser ese tipo de líder:

1. Cumple tu palabra. Siempre cumple tus promesas y compromisos. Es desalentador para los demás cuando cancelas citas a último momento o no haces lo que dijiste qué harías.

2. Lleva una agenda. No dependas solo de tu memoria para recordar compromisos o reuniones. Anota tus obligaciones en una agenda o una aplicación para organizar tu tiempo.

3. Usa listas de tareas diarias. Lleva una lista de todas tus responsabilidades, incluso aquellas que no te resultan atractivas. Sé consciente de tus deberes pendientes y aprende a encontrar gozo en completar una tarea y poder tacharla de tu lista.

4. Sé puntual. Llega temprano a eventos, reuniones y citas. Usa el dicho: Llegar temprano es llegar a tiempo, llegar a tiempo es llegar tarde, y llegar tarde es inaceptable. La puntualidad dice mucho sobre tu carácter. Indica que respetas a los demás y su tiempo.

Los miembros de tu iglesia no son los únicos que se beneficiarán de tu confiabilidad. Tus amigos necesitan a alguien en quien puedan depender. Tu cónyuge necesita un compañero confiable. Tus hijos necesitan una madre y un padre que cumplan sus promesas. La confiabilidad fortalece todas nuestras relaciones.

2. Sé Honesto

En la canción popular "Honesty" de Billy Joel, él canta: *"La honestidad es una palabra tan solitaria. Todos son tan falsos."* No está muy lejos de la verdad. Todos tenemos dificultades con decir la verdad en ciertos momentos. Existen muchas razones por las cuales hay una brecha en nuestra integridad. Mentimos:

- para eludir nuestras responsabilidades (por ejemplo, decir que estamos enfermos para no ir a trabajar)

- para obtener lo que queremos

- para avanzar (por ejemplo, hacer trampa en los impuestos)

- para evitar meternos en problemas

- para proteger los sentimientos de otros

- para ocultar aspectos de nuestra vida que no queremos que otros vean

- para cubrir otras mentiras que ya hemos dicho

Tu naturaleza pecaminosa siempre intentará tentarte a mentir para protegerte de consecuencias negativas. Pero eso solo empeora el problema. Primero, aquello sobre lo que mentiste no desaparece. Segundo, cuando la verdad salga a la luz —y saldrá— tendrás que enfrentar el problema original. Tercero, ahora serás visto como un mentiroso.

Los creyentes en Cristo están mandados a no mentir (Colosenses 3:9). Dios se deleita en la verdad (Salmo 51:6). Estas razones son suficientes para ser honestos con los demás, pero también hay razones prácticas. Por ejemplo, perderás credibilidad con aquellos a quienes lideras si eres deshonesto.

Para cultivar la honestidad en tu vida:

1. Resuélvete a ser una persona íntegra. Prométete decir la verdad sin importar las consecuencias. Una persona íntegra está dispuesta a enfrentar lo que una mentira intentaría evitar.

2. Presta atención a los momentos en que planeas mentir para cubrir la verdad. Muchas mentiras se conciben antes de decirse. Cuando pienses en una situación problemática en la que tú tienes la culpa, podrías considerar inventar una mentira. Toma esos pensamientos cautivos y somételos a Cristo (2 Corintios 10:5). Planea decir la verdad.

3. Pídele a Dios que elimine el engaño de tu corazón. David pidió a Dios que escudriñara su corazón para ver si había algo malo o engañoso en él (Salmo 139:23-24). Si le pides a Dios que te muestre áreas de engaño, Él lo hará.

3. Honra la Confidencialidad

Si alguien te dice algo en confianza, ¿te sientes tentado a compartirlo con otra persona? (por ejemplo, "Esto es entre tú y yo, pero..."). Perderás la confianza de los demás si no honras lo que te dicen en privado. Las personas de tu iglesia confían en ti cuando se abren contigo.

Para ser alguien en quien otros confían con sus secretos, comprométete a practicar la Regla de Oro. Jesús dijo: *Así que, todas las cosas que queráis que los hombres hagan con vosotros, así también haced vosotros con ellos* (Mateo 7:12). Tú no quisieras que alguien divulgara algo que dijiste en confianza, así que ten esto en mente cuando sientas la tentación de traicionar una confidencia.

Entrénate para disfrutar el guardar información para ti mismo. Se siente bien ser digno de confianza.

Si llegas a revelar el secreto de alguien, discúlpate humildemente con esa persona de inmediato, confesando que has violado su confianza. Tu humildad y honestidad, con suerte, te ayudarán a recuperar la confiabilidad que perdiste al traicionar su confidencia.

4. Continúa Aprendiendo y Creciendo

Para ser un líder digno de confianza, las personas necesitan confiar en que eres capaz de hacer tu trabajo. Por eso Pablo le dijo a Timoteo que encargara el evangelio a hombres fieles que fueran aptos para enseñar (2 Timoteo 2:2). La confiabilidad va más allá de tener integridad. También implica competencia.[12] Tu médico puede ser honesto, pero si vas a confiar en él, también quieres que sea competente. Las personas de tu iglesia necesitan saber que tienes competencia en tu área de ministerio para poder confiar en ti.

"Las personas honestas que son incompetentes en el área donde dicen ser expertos no son dignas de confianza."[13]

Hemos enfatizado en este libro que el carácter es más importante que las habilidades, pero eso no significa que el desarrollo de habilidades sea irrelevante. Hemos recalcado la verdad de que tus habilidades no significan nada si tus pensamientos, actitudes, palabras y acciones no agradan a Dios. Pero, por supuesto, sigue adquiriendo y mejorando tus habilidades en el área donde Dios te ha llamado. Debes mostrar competencia ministerial y de liderazgo, y ser capaz de proyectar visión, establecer y alcanzar metas, resolver problemas y liderar de manera eficaz si esperas que otros confíen en ti como su líder.

¿Eres un líder digno de confianza? Si cultivas esta característica fundamental, estarás en una posición de influencia sostenida. Tendrás el respeto y la lealtad de aquellos a quienes lideras, y aún más importante, demostrarás que tienes el carácter necesario para ser administrador de la casa de Dios.

---

12   Stephen Covey, *Principle-Centered Leadership* (New York: Free Press, 1991), 171.

13   Covey, *Leadership*, 171.

Jesús es Nuestro Modelo de Confiabilidad

Es reconfortante saber que Jesús es digno de confianza en todo lo que dice y hace. Uno de sus nombres es *Fiel y Verdadero* (Apocalipsis 19:11), lo cual resume su carácter.

Jesús dijo muchas cosas a sus seguidores, y cada palabra que salió de su boca transmitía verdad. Le dijo a un funcionario del gobierno que su hijo moribundo viviría, y el hijo fue sanado (Juan 4:46-54). Le dijo a Pedro que lo negaría tres veces, y Pedro lo hizo (Mateo 26:69-75). Le dijo a sus discípulos que, aunque se iría, no los dejaría huérfanos (Juan 14:18), y ellos recibieron la presencia del Espíritu Santo dentro de ellos (Hechos 2:4).

Cada vez que Jesús hizo una promesa, se cumplió. Él es confiable, y podemos tener total confianza en sus palabras y acciones. ¡Qué ejemplo para seguir! Mientras te comprometes a ser fiel y verdadero, pon tu fe en Cristo para que Él te forme a Su semejanza.

Capítulo 5

Sé Disciplinado

Cuando yo (J.J.) servía como ministro de música, me hice amigo del pastor de jóvenes de la iglesia. Él conectaba muy bien con los adolescentes y su futuro en el ministerio parecía muy prometedor. Tenía carisma y un corazón apasionado por ganar almas para Cristo. Sin embargo, tenía un gran defecto que el pastor principal no pudo pasar por alto: llegaba tarde a casi todo. Se presentaba a nuestras reuniones de personal en la mañana y a los servicios de adoración del fin de semana tanto tarde como cansado.

Como amigo, yo sabía por qué siempre llegaba tarde. Se quedaba despierto todas las noches jugando videojuegos. No era inusual que jugara hasta las tres o cuatro de la madrugada, lo cual lo dejaba letárgico e incapaz de cumplir con sus compromisos a tiempo. Antepuso su pasión (o adicción) por los videojuegos a su ministerio. Después de recibir múltiples advertencias, fue despedido. Pudo haber sido un gran líder si hubiera prestado atención a su carácter.

Antes de poder gobernar a otros, debes ser capaz de gobernarte a ti mismo. Pero no podrás gobernarte sin disciplina. Una persona disciplinada ejerce dominio propio. Puede disfrutar de jugar videojuegos, pero no permite que eso ni ninguna otra actividad lo domine. Pablo escribió: *"Todas las cosas me son lícitas, mas no todas convienen"* (1 Corintios 6:12). El líder disciplinado controla sus emociones, apetitos, pasiones y acciones.

Pablo exige que los líderes de la iglesia sean disciplinados (1 Timoteo 1:2; Tito 1:8), una cualidad que él mismo modeló a lo largo de su ministerio. Le dijo a los corintios que se disciplinaba a sí mismo para poder ser efectivo en su misión del evangelio: *Todo aquel que lucha, de todo se abstiene... golpeo mi cuerpo, y lo pongo en servidumbre, no sea que, habiendo sido heraldo para otros, yo mismo venga a ser eliminado* (1 Corintios 9:25, 27).

Un atleta serio se somete a un entrenamiento físico intenso para alcanzar su mejor rendimiento. Entrena, aunque no tenga ganas, evita alimentos dañinos, aunque los desee, y hace numerosos sacrificios para poder vencer a la competencia. Para volverte disciplinado, debes ejercer la voluntad para decir **no** cuando un apetito fuerte dentro de ti grita **sí**. Lo siguiente te ayudará a desarrollar disciplina en tu vida para que no seas descalificado como líder.

1. Honra Tus Compromisos

La disciplina es la capacidad de cumplir promesas y honrar compromisos. Como punto de partida, comienza haciendo promesas "pequeñas" a ti mismo. Si empiezas con cosas pequeñas y las cumples, irás construyendo gradualmente tu sentido de honor personal y tu capacidad para mantener promesas más grandes.[14]

Una promesa pequeña, aunque significativa, que podemos hacernos es levantarnos temprano. Las personas disciplinadas deciden levantarse a una hora específica. Ganan la batalla entre la mente y el colchón. Si dejas que el colchón gane, se desencadena una cadena de eventos desagradables: te levantas tarde y comienzas una carrera frenética para vestirte, organizarte, alimentarte y salir de casa. En medio de esa prisa, te vuelves impaciente e insensible con los demás. Los nervios se alteran, el temperamento se acorta, y todo por no levantarte a tiempo.[15]

¿Cuál es el resultado de honrar tu compromiso de levantarte temprano? Comienzas tu mañana con una victoria privada. Esto te da una sensación de conquista que te impulsa a enfrentar los desafíos del día. El éxito genera más éxito. Para ganar la batalla mente vs. colchón y cultivar la disciplina, prométete levantarte todos los días a una hora fija, sin importar si tienes ganas o no. Luego, prométete usar esa primera hora de forma provechosa, preparándote para el día. Y por último,

---

14   Stephen Covey, *Principle-Centered Leadership* (New York: Free Press, 1991), 73

15   Covey, *Leadership*, 51.

cumple ese plan[16]. Al hacerlo, obtendrás el impulso necesario para tomar el control de tu vida.

2. Administra Bien Tu Tiempo

En su libro clásico *Spiritual Leadership*, Oswald Sanders dice que para que un líder sea efectivo, debe superar los "hábitos perezosos". Un líder eficaz en la iglesia "trabajará mientras otros pierden el tiempo, estudiará mientras otros duermen, orará mientras otros sueñan despiertos".[17]

La mejor manera de vencer la pereza y la procrastinación es crear un horario y cumplirlo. Sin un horario, estarás tentado a dejar que tus emociones determinen tus acciones:

> "No estoy de ánimo para reunirme con Tim hoy. Creo que lo pospondré."

> "No estoy motivado para trabajar en mi sermón esta mañana."

> "No tengo ganas de orar."

> "Haré esa tarea más tarde."

Las personas disciplinadas no se someten a sus sentimientos, estados de ánimo o circunstancias. Su agenda es su sierva, y ejercen disciplina para organizar su semana y adaptarse cada día. Programan bloques de

---

16   Covey, *Leadership*, 73
17   Oswald Sanders, *Spiritual Leadership* (Chicago: Moody Publishers, 2007), 61.

tiempo para su trabajo y se mantienen comprometidos con su horario.[18]

No intentes estar en una posición de liderazgo en tu iglesia sin un calendario diario. Necesitas uno para registrar tus citas y programar tiempo para las tareas de tu lista. Acostúmbrate a planificar el horario de mañana desde hoy. Esta disciplina aumentará tu productividad.

3. Entrénate para la Piedad

Pablo dijo: *Ejercítate para la piedad; porque el ejercicio corporal para poco es provechoso, pero la piedad para todo aprovecha, pues tiene promesa de esta vida presente, y de la venidera* (1 Timoteo 4:7-8). Una parte significativa del entrenamiento para la piedad incluye un tiempo constante en la Palabra de Dios, un tiempo planificado para leer y meditar. Si estás demasiado ocupado como para tener un tiempo diario de oración y devoción, necesitas reevaluar tus prioridades ahora mismo. Tu iglesia no necesita un líder que no se discipline para la piedad.

Comprométete a tener un horario fijo cada día para estudiar la Palabra de Dios y orar. Si eres pastor y tienes responsabilidades de predicación, muchas de tus ideas para sermones surgirán durante tus tiempos devocionales. Pero no permitas que tu tiempo devocional se convierta únicamente en preparación para el sermón. En otras palabras, cuando preparas un sermón, tu enfoque está en lo que vas a dar. Cuando tienes un

---

18   Covey, *Leadership*, 73.

tiempo de devoción, tu enfoque debe estar en lo que estás recibiendo de Dios para ser más como Cristo.

Algunos eligen comenzar el día con Dios. Mi coautor, B. W., se disciplina para levantarse a las 4:30 a.m. Después de preparar café, dedica una hora a leer, estudiar y meditar en el Nuevo Testamento en griego. Le gusta leer en griego durante sus devociones porque lo obliga a leer con lentitud. Lee la Palabra de Dios en otros momentos del día, pero comienza su día con ella (y con una buena taza de café). Su meta es la piedad. Crecemos en piedad cuando tenemos un tiempo planificado para estudiar las Escrituras y aplicarlas a nuestras vidas.

4. Mantén Tu Salud

Las personas disciplinadas comen alimentos saludables, descansan lo suficiente y hacen ejercicio con regularidad. La calidad de nuestra vida personal y nuestro trabajo se ve afectada negativamente cuando nos permitimos comer en exceso, trasnocharnos o no hacer ejercicio.[19] Hazte una promesa de cuidar bien tu cuerpo. Aunque entrenarse para la piedad tiene más valor, "el ejercicio corporal para poco es provechoso" (1 Timoteo 4:8). John Piper ha experimentado ese "provecho" a lo largo de su larga carrera ministerial. Levanta pesas y corre tres veces por semana, disciplinándose a sí mismo para ejercitarse para la gloria de Dios. Sus palabras son inspiradoras:

---

19   Convey, *Leadership*, 50.

En resumen, tengo una sola vida para vivir
por Jesús (2 Cor. 5:15). No quiero desper-
diciarla. Mi enfoque no es alargarla, sino
maximizar ahora la pureza y la productividad. Quiero mostrar y publicar tanta
verdad del evangelio como pueda. Y he
descubierto, durante cuarenta y cuatro
años, que el ejercicio ayuda."[20]

B. W. y yo también aplicamos el principio del "provecho"
en nuestras vidas. A los 55 y 56 años (yo soy el mayor),
hacemos ejercicio cinco días a la semana y jugamos
baloncesto tan seguido como podemos.

El ejercicio también te ayudará, al igual que una
dieta saludable. Tomar decisiones sabias respecto a la
alimentación es fundamental para cuidar tu cuerpo, el
templo de Dios (1 Corintios 3:16; 6:19). Evita la comida
chatarra y rápida, y elige opciones nutritivas que te den
energía y buena salud.

5. Comprométete con la Pureza Sexual

Pablo dijo que disciplina su cuerpo y lo pone en servidumbre (1 Corintios 9:27), lo cual muy probablemente
se refiere al pecado sexual, ya que la inmoralidad sexual
descalifica a cualquiera de predicar y liderar en la iglesia.[21] Si luchas con la pornografía o con cualquier tipo
de inmoralidad sexual, busca ayuda de inmediato. No

---

20 John Piper, *Brothers, We Are Not Professionals* (Nashville: B&H
    Publishing 2013), 187.

21 John MacArthur, *One Faithful Life: A Harmony of the Life and
    Writings of the Apostle Paul* (Nashville: Thomas Nelson, 2019), 174.

permitas que este pecado secreto reine en tu vida y la controle. La iglesia necesita líderes que caminen en fidelidad y pureza sexual.

Hay una razón por la cual Pablo incluye la disciplina en su lista de requisitos para los líderes de la iglesia. Las personas disciplinadas resisten las fuerzas internas (por ejemplo, los estados de ánimo, los sentimientos) y los factores externos (circunstancias y situaciones) para poder hacer la obra a la que Dios los ha llamado. Ellos controlan sus actitudes y acciones, y no se dejan llevar por sus emociones o apetitos. A medida que continúes creciendo en disciplina, comienza hoy haciendo pequeñas promesas a ti mismo, y cumpliéndolas.

Jesús es Nuestro Modelo de Disciplina

Se necesita disciplina espiritual y dominio propio para soportar los desafíos y tragedias que enfrentamos en esta vida, especialmente cuando tenemos el poder o los recursos para salir fácilmente de ellos.

Hubo muchas ocasiones en las que Jesús pudo haber usado Su autoridad y poder divino para beneficiarse. Pudo haber llamado doce legiones de ángeles para que lo protegieran del arresto, pero se entregó pacíficamente (Mateo 26:53). Pudo haber castigado a los soldados que lo desnudaron, escupieron, golpearon y coronaron de espinas, pero permaneció en silencio (Mateo 27:27-31). Pudo haber descendido de la humillante cruz, pero debido a Su obediencia disciplinada al plan eterno de Dios, murió en el madero, abandonado por todos (Mateo 27:45-50).

Tal vez no tengamos la disciplina ni el dominio propio para mantener una devoción y obediencia perfecta a Dios como lo hizo Jesús, pero en Él tenemos un ejemplo perfecto que seguir cuando lleguen las pruebas y queramos tomar el camino fácil. Mientras te propones ser un líder disciplinado y con dominio propio, pon tu fe en Cristo para que Él te transforme cada vez más a Su imagen. Él te ayudará a ser disciplinado en cada área de tu vida.

Capítulo 6

Sé Justo

Es esencial que los líderes sean justos. La palabra griega para "justo" es *dikaios*, que significa "recto" y "justo". En la Biblia, esta palabra se usa de dos maneras. Primero, un creyente se convierte en *dikaios* en el momento en que es salvo. Segundo, *dikaios* describe cómo debe vivir un creyente. Los líderes que abundan en *dikaios* son imparciales y equitativos. Toman decisiones guiadas por el amor y son pacificadores. Santiago nos dice que las oraciones del *dikaios* son poderosas y eficaces (Santiago 5:16). Tras la muerte de Jesús, un centurión romano declaró: *Verdaderamente este hombre era justo (dikaios)* (Lucas 23:47).

Cuando las personas saben que su líder es justo, se sienten emocionalmente seguras y saben que siempre serán tratadas con equidad y respeto. Para desarrollar esta cualidad en tu vida, son necesarias cuatro acciones.

1. Sé Imparcial

Santiago lo deja muy claro: *Hermanos míos, que vuestra fe en nuestro glorioso Señor Jesucristo sea sin acepción de personas* (Santiago 2:1). Nos dice que cuando mostramos favoritismo al tratar mejor a unas personas que a otras, nos convertimos en *jueces con malos pensamientos* (Santiago 2:4).

Es fácil ser parcial con personas que pueden beneficiarnos a nosotros o a nuestra iglesia. Podemos justificar nuestra parcialidad diciendo: "Oye, solo les devuelvo el favor porque ellos también me lo hacen. Además, es por el bien de la iglesia y del reino de Dios." Pero en realidad, estamos viendo la verdad a través de un lente distorsionado para justificar nuestro favoritismo. Santiago destruye ese lente distorsionado cuando dice: *Si hacéis acepción de personas, cometéis pecado, y quedáis convictos por la ley como transgresores* (Santiago 2:9).

Dios no hace acepción de personas, y los líderes justos tampoco deben hacerlo.

Yo (B. W.) una vez trabajé para un jefe a quien llamaremos "Sr. N.", quien era bastante parcial. Había varios miembros del equipo a quienes el Sr. N. favorecía sobre los demás, y no tenía reparo alguno en demostrarlo. Este defecto de carácter causó grandes problemas en la organización. A los pocos meses de la llegada del Sr. N., la química antes armoniosa del equipo se deterioró drásticamente. Los miembros del personal comenzaron a competir entre ellos para ser parte del círculo cercano del Sr. N.

La competencia a menudo se tornaba desagradable.

El chisme, la traición y hasta las falsas acusaciones se volvieron demasiado comunes. Sorprendentemente, el Sr. N. se deleitaba en esta situación tóxica. Después de que se trasladó a otra organización, nuestro nuevo jefe tuvo que pasar muchos meses reparando el daño causado por la parcialidad del Sr. N.

La parcialidad rompe la ley real del amor de Cristo: Amarás a tu prójimo como a ti mismo (Santiago 2:8; Mateo 22:39). Ese amor implica buscar el bien supremo de los demás. La parcialidad, en cambio, busca solo los deseos e intereses de quien está favoreciendo a otro. Si realmente queremos cumplir la ley de Cristo, debemos tratar a cada hermano y hermana en la familia de Dios por igual.

2. Sé Justo

La justicia es una marca distintiva del líder recto. Salomón nos dijo en Eclesiastés que la vida no es inherentemente justa: La carrera no es de los ligeros, ni la guerra de los fuertes (Eclesiastés 9:11), pero el líder justo se esfuerza por mostrar justicia en todo lo que está bajo su influencia. De hecho, Dios lo exige: *El SEÑOR exige balanzas y pesas exactas; él establece los estándares de la equidad* (Proverbios 16:11, NTV).

Cuando Jesús dijo: *Así que, todas las cosas que queráis que los hombres hagan con vosotros, así también haced vosotros con ellos* (Mateo 7:12), estaba enseñando justicia. La mayoría de las personas no nota la injusticia cuando les sucede a otros, pero sí la detectan de inmediato cuando les afecta a ellos. La Regla de Oro es un excelente modelo de equidad. Pregúntate siempre: ¿Es así como me gustaría ser tratado?

3. Toma Decisiones Justas

Los líderes toman docenas de decisiones cada día. La mayoría son relativamente menores, como: "¿Qué refrigerio debo poner para la reunión?" Pero algunas decisiones tienen un impacto mucho mayor, incluso pueden cambiar vidas, como: "¿Debo mover a este miembro del personal de tiempo completo a medio tiempo?"

Los líderes justos buscan la sabiduría de Dios al tomar decisiones. Cada decisión tiene sus propias circunstancias, pero los siguientes cuatro pasos son siempre importantes:

1. **Ora por sabiduría.** Si no buscas la sabiduría de Dios, estás tomando decisiones de liderazgo en tus propias fuerzas. Hay muchos ejemplos bíblicos de hombres justos que buscaron la guía de Dios antes de actuar. Por ejemplo, cuando el rey Josafat se enteró de que un gran ejército venía contra él y el pueblo de Judá, enfrentaron una decisión difícil y comenzaron con oración:

   No sabemos qué hacer, y a ti volvemos nuestros ojos (2 Crónicas 20:12).

   Santiago ofrece un recordatorio importante para los líderes que enfrentan decisiones difíciles: *Si alguno de vosotros tiene falta de sabiduría, pídala a Dios, el cual da a todos abundantemente y sin reproche, y le será dada* (Santiago 1:5).

Proverbios nos dice que el Señor tiene un tesoro de sabiduría reservado para nosotros:

Él provee de sana sabiduría a los rectos (Proverbios 2:7).

2. **Busca consejo piadoso.** Si deseas ser efectivo en el hogar, en la iglesia o en el trabajo, necesitas el consejo piadoso de otros. Si actúas constantemente según tu propia sabiduría y entendimiento, serás cegado por tus emociones, prejuicios e impresiones. Todo líder sabio está abierto al consejo de los justos. El rey Salomón dijo: El camino del necio es recto en su opinión; más el que obedece al consejo es sabio (Proverbios 12:15).

   Las consecuencias pueden ser devastadoras para los líderes que no buscan consejo, pero son gratificantes para quienes sí lo hacen: *Donde no hay dirección sabia, caerá el pueblo; más en la multitud de consejeros hay seguridad* (Proverbios 11:14).

   Sin embargo, no busques consejo de cualquiera; asegúrate de rodearte de consejeros piadosos. Estas personas te ayudarán a ampliar tus opciones y a evaluar tus decisiones.

3. **Busca la Palabra de Dios.** La Palabra de Dios es lámpara a nuestros pies y luz en nuestro camino (Salmo 119:105). Podemos contar con la Palabra de Dios como una guía para tomar decisiones en

todas las áreas de nuestra vida, ya que la Biblia nos ofrece verdades sobre relaciones, vida recta, asuntos financieros e incluso inversiones.

La Biblia también ofrece verdades relacionadas con el ministerio y el liderazgo dentro de la iglesia. Lo primero que debemos hacer es asegurarnos de que nuestras decisiones estén alineadas con los principios bíblicos. Cada vez que enfrentes una decisión, consulta la Palabra de Dios. Él te guiará con Su consejo (Salmo 73:24).

4. **Busca glorificar a Dios.** Como creyentes, estamos llamados a glorificar a Dios en todo lo que hacemos y decimos (1 Corintios 10:31). Por tanto, una pregunta que deberíamos hacernos antes de tomar cualquier decisión es: "¿Glorifica esta decisión a Dios?" Si no estás seguro de que la respuesta sea sí, necesitas examinar tus motivos. Si tu decisión, o su impacto, es egoísta y no honra ni glorifica a Dios, debe ser descartada.

Los líderes justos toman decisiones justas porque sus decisiones están arraigadas en la oración, en el consejo piadoso, en la Palabra de Dios y en el deseo de glorificar a Dios.

4. Sé un Pacificador

Los líderes justos buscan tanto la justicia personal como la justicia social. Procuran resolver conflictos a nivel personal mientras promueven la reconciliación en cualquier contexto en el que vivan o trabajen.[22]

Te enfrentarás a conflictos tanto personales como congregacionales. Puedes darlo por hecho. El conflicto personal surge cuando los miembros de la iglesia desaprueban lo que has dicho o hecho, o se oponen a ti por alguna decisión que has tomado. El conflicto a nivel de iglesia ocurre cuando las personas toman partido en torno a un asunto, y puede ser tan devastador como una división de la iglesia. Los líderes justos abordarán de inmediato a cualquier persona o situación que amenace la unidad en la comunidad cristiana.

En *The Peacemaker: A Biblical Guide to Resolving Personal Conflict*, Ken Sande presenta cuatro pasos bíblicos para la resolución de conflictos.[23] Sigue estos pasos en casa y en la iglesia cada vez que la paz y la armonía estén en riesgo.

Paso 1: Glorifica a Dios

Cada conflicto es una oportunidad para honrar a Dios. Pablo dijo:

Así que, ya sea que comáis o bebáis o hagáis cualquier otra cosa, hacedlo todo para la gloria de Dios (1 Corintios 10:31). Cuando elegimos intencionalmente glorificar a Dios al abordar un conflicto, nuestra perspectiva cambia. Nuestra meta ya no es solo resolver el conflicto, sino magnificar la grandeza de Dios y Su gracia, misericordia y amor. A continuación, algunas formas de glorificar a Dios en medio de un conflicto:

22   William Mounce, "Biblical Leadership in the Pastoral Epistles," p. 9. Acceso obtenido el 5 de Octubre 2021. www.biblicaltraining.org.

23   Ken Sande, *The Peacemaker* (Grand Rapids: Baker Books. 2004).

1. **Confía en Él.** Confía en que Dios te mostrará cómo resolver el conflicto, no apoyándote en tu propia prudencia, sino en Su sabiduría (Proverbios 3:5-7). Confiar implica una profunda dependencia de Dios y la certeza de Su promesa de que *a los que aman a Dios, todas las cosas les ayudan a bien* (Romanos 8:28).

2. **Obedécele.** Dios nos llama a vivir en la unidad y el amor por los unos con los otros, *firmes en un mismo espíritu, combatiendo unánimes por la fe del evangelio* (Filipenses 1:27). Sé obediente cuando el Espíritu Santo te guíe a cultivar afecto fraternal y armonía. Al hacerlo, tu amor por los demás abundará más y más, para *la gloria y alabanza de Dios* (Filipenses 1:11).

3. **Imítalo.** Todo aquel que permanece en Cristo debe andar como Él anduvo (1 Juan 2:6). Imitar a Dios significa reflejar Su humildad, misericordia, perdón y amor.

4. **Reconócelo.** Cuando ocurre la reconciliación, es un momento del evangelio. Úsalo para alabar y glorificar a Dios por ser el arquitecto del proceso de reconciliación. Cuando otros te reconozcan por haber respondido al conflicto de manera efectiva, diles que es Dios quien ha estado obrando en ti para hacer lo que nunca

podrías lograr por tu cuenta (Filipenses
2:13; 1 Pedro 3:14-16).[24]

A medida que busques resolver el conflicto, por encima
de todo, procura honrar y glorificar a Dios.

Paso 2: Saca la Viga de Tu Propio Ojo
No debemos ignorar nuestras propias fallas mientras
señalamos las fallas de los demás. Jesús dijo:

> *"¿Y por qué miras la paja que está en el
> ojo de tu hermano, y no echas de ver la
> viga que está en tu propio ojo? ¿O cómo
> dirás a tu hermano: 'Déjame sacar la paja
> de tu ojo', y he aquí la viga en el ojo tuyo?
> ¡Hipócrita! Saca primero la viga de tu pro-
> pio ojo, y entonces verás bien para sacar la
> paja del ojo de tu hermano"* (Mateo 7:3-5).

El mantenimiento de las paz bíblica no es posible sin
quitar la viga. Debemos asumir la responsabilidad de
nuestra propia contribución al conflicto antes de enfocarnos en lo que otros han hecho. También debemos
preguntarnos si la ofensa puede pasarse por alto. Donde
abunda el amor, también abunda la gracia. Pedro dijo:
*Ante todo, tened entre vosotros ferviente amor; porque
el amor cubrirá multitud de pecados* (1 Pedro 4:8).

Después de haber hecho un inventario honesto de
tu propio papel en el conflicto y de haber decidido que

---

24   Sande, *Peacemaker*, 31-33.

el conflicto no puede ser pasado por alto, estás listo
para el siguiente paso.

Paso 3: Restaura con Mansedumbre
Pablo escribió, *Hermanos, si alguno fuere sorprendido
en alguna falta, vosotros que sois espirituales, restauradle con espíritu de mansedumbre* (Gálatas 6:1). En el
Paso 2 analizas tu papel en el conflicto, y en el Paso 3
haces saber con amor a la otra persona el suyo. Si otros
no logran ver su contribución al conflicto, necesitamos
mostrarles su falta con gracia.[25]

Muchas veces, tu confesión humilde será seguida
por una confesión de parte de la otra persona. A esto
se le llama el Resultado de Oro. Mientras que la Regla
de Oro nos llama a tratar a los demás como queremos
que ellos nos traten, el Resultado de Oro dice que la
mayoría de las personas nos tratará como nosotros las
tratamos. Si sinceramente le dices a alguien: "Estuve
mal", esa persona muchas veces dirá: "También fue
mi culpa."[26]

Si confiesas tu falta a la otra persona, pero su respuesta es negativa o su confesión es superficial, tienes
varias opciones:

1. Pasar por alto la ofensa (1 Pedro 4:8).

2. Construir sobre la confesión superficial
   con frases como: "Agradezco tus palabras.
   ¿Puedo explicarte un poco más sobre lo
   que me molestó?"

---

25   Sande, *Peacemaker*, 12-13
26   Sande, *Peacemaker*, 78.

3. Involucrar a líderes de la iglesia o creyentes respetados que puedan ayudar a fomentar el arrepentimiento (Mateo 18:16).

4. Posponer la confrontación para otro momento.

Si la otra persona reconoce su responsabilidad, puedes alegrarte porque Dios ha sido glorificado a través del conflicto. Es momento de perdonar como Dios nos perdona (ver Efesios 4:32 y Colosenses 3:13).

Paso 4: Ve y Reconcíliate

El paso final para hacer la paz implica un compromiso con restaurar las relaciones dañadas. Jesús colocó la reconciliación por encima de ofrecer dones en el altar. Él dijo, *Reconcíliate primero con tu hermano, y entonces ven y presenta tu ofrenda* (Mateo 5:24).

Cuando realmente perdonas a alguien, significa que liberas a esa persona de toda deuda relacionada con el conflicto. Queda libre de tus castigos, rencores y resentimientos. Sande dice que cuando perdonamos a otros como Jesús nos ha perdonado, "los escombros del conflicto son eliminados y la puerta se abre para una paz genuina."[27]

Al aplicar estos pasos bíblicos para hacer la paz en tu vida y ministerio, crearás una cultura de paz tanto en tu hogar como en tu iglesia. Dejarás de ver las disputas y desacuerdos como obstáculos y comenzarás a verlos como oportunidades para glorificar a Dios.

---

27   Sande, *Peacemaker*, 13.

La iglesia necesita urgentemente líderes justos que lideren con imparcialidad, equidad, un compromiso de tomar decisiones piadosas y un corazón dispuesto a buscar reconciliaciones que transforman vidas. Sé ese líder.

Jesús es Nuestro Modelo de Justicia

Pablo le dijo a Timoteo que los líderes de la iglesia deben ser *dikaios*. Este término se traduce comúnmente como "justo", pero tiene un rango más amplio de significados. *Dikaios* puede traducirse como justo, recto, inocente o íntegro. Jesús es todo eso.

Jesús es justo. Trató a todos con rectitud. Sus discípulos se sorprendieron de que Él hablara con una mujer samaritana (Juan 4:9). Los fariseos se escandalizaban de que comiera con pecadores y cobradores de impuestos (Mateo 9:10-13). Sin embargo, Jesús era la misma persona sin importar con quién estuviera. Nunca hizo acepción de personas.

Jesús es recto. Él es el Cordero perfecto, sin mancha ni defecto (1 Pedro 1:19). Cuando Pablo nos recuerda que **"no hay justo, ni aun uno"** (Romanos 3:10), tiene razón. Nunca podremos ser justos por nuestras propias fuerzas. Necesitamos depender de Aquel que sí lo es: Jesús. Toda justicia que tenemos proviene de Él.

Jesús es justo. Cuando fue confrontado con una mujer sorprendida en adulterio, Jesús expuso una gran injusticia de los fariseos: el deseo de ejecutar un castigo por un pecado capital mientras ellos mismos eran culpables de pecados igualmente graves. Su lección improvisada sobre la justicia los llevó a retirar sus acusaciones y abandonar la situación. Ser justo también significa oponerse a aquello que es injusto.

Jesús es inocente. En el relato de Lucas sobre la muerte de Jesús, se cita a un centurión romano que declaró que Jesús era *dikaios*. Algunas versiones de la Biblia traducen *dikaios* como "justo", mientras que otras lo traducen como "inocente". Ambas son claramente correctas, considerando lo que sabemos sobre Jesús. En este contexto, "inocente" es más apropiado porque la pena de crucifixión normalmente se imponía a los culpables. Sabemos que Poncio Pilato declaró varias veces que Jesús no tenía culpa. Un líder justo debe ser irreprochable para que siempre sea juzgado "sin reproche".

Claramente, Jesús es justo, recto, inocente y equitativo. Esto plantea la pregunta: ¿Lo somos tú y yo? Según Pablo, los líderes que no son *dikaios* no tienen ningún derecho a liderar a otros.

Capítulo 7

Sé Amable

Hubo un líder cristiano muy conocido que alguna vez estuvo en la cima del mundo. Su mega iglesia creciente, con catorce mil asistentes regulares, influenció a todo un movimiento de plantación de iglesias, y sus podcasts de sermones dominaban las listas de descargas. Miles acudían a sus conferencias.

Muchos quedaron impactados cuando se le pidió que renunciara a la iglesia que él mismo había fundado. No se le pidió la renuncia por inmoralidad sexual ni por irregularidades financieras, sino, acababa de despedir a dos ancianos que no estaban de acuerdo con él. Los avergonzó públicamente y pidió a todos los miembros de la iglesia que los rechazaran. Esta fue la gota que colmó el vaso.

Resultó que el pastor a menudo descargaba su ira sobre su personal y los ancianos. Varios miembros del equipo, desgastados por su constante dureza y aspereza, pidieron que renunciara. En su carta oficial de renuncia a la iglesia, confesó y se arrepintió de su orgullo, ira y espíritu autoritario.

La iglesia disolvió sus operaciones centralizadas, y el líder se retiró por un tiempo del ministerio público para trabajar en su carácter. Hoy es un pastor que continúa publicando libros y haciendo contribuciones al pensamiento bíblico y ministerial. Oramos para que haya hecho los cambios de carácter necesarios para liderar exitosamente la iglesia de Dios, y que quienes lo rodeen puedan ver en él a un líder cristiano más amable y compasivo.

Pablo descalifica del liderazgo a cualquiera que no sea amable (1 Timoteo 3:3; Tito 1:7). Aquellos que son violentos o iracundos no demuestran una vida guiada por el Espíritu Santo. No muestran vidas unidas a la vida de Cristo (Juan 15:4-5). Cuando vivimos conforme al Espíritu, Él produce el carácter de Cristo en nosotros. Somos amables porque Cristo es amable. Jesús dijo, "Aprended de mí, que soy manso y humilde de corazón" (Mateo 11:29).

Jesús mostró amabilidad cada vez que interactuó con otros. No reprendió con dureza a la mujer samaritana por su estilo de vida adúltero (Juan 4:7-26). Con mansedumbre y compasión, le reveló su pecado y su conocimiento de su vida. Jesús mostró compasión hacia la mujer sorprendida en adulterio. Los líderes religiosos querían apedrearla, pero Jesús la defendió, diciendo que solo el que estuviera sin pecado podía arrojar la primera piedra. En lugar de condenarla, Jesús le dijo con gentileza, "Vete, y no peques más" (Juan 8:2-11).

A lo largo de los evangelios, descubrimos a un Jesús

lleno de mansedumbre, y Él quiere que aprendamos de Él. Sin embargo, algunos líderes cristianos aprenden lentamente. Son duros con su personal o con los voluntarios, y rápidos para reprender a quienes no están de acuerdo con ellos. Oswald Sanders escribió, "Si prefieres iniciar una pelea en lugar de resolver un problema, no consideres liderar la iglesia."[28] Los líderes mansos siempre buscan soluciones pacíficas y tienen la capacidad de calmar situaciones explosivas.

La iglesia necesita líderes que hablen la verdad, pero lo hagan con amor (Efesios 4:15). La iglesia necesita líderes amables. A continuación, se presentan varios principios bíblicos que puedes poner en práctica para reflejar la mansedumbre:

1. Habla con Calma Cuando Otros Estén Enojados

El rey Salomón dijo, *La blanda respuesta quita la ira, más la palabra áspera hace subir el furor* (Proverbios 15:1). Cuando alguien esté molesto contigo y te hable con dureza, no respondas con palabras igualmente duras. Sí, esto es más fácil decirlo que hacerlo, pero cuando permites que el Espíritu Santo obre en tu vida, puedes vencer el impulso de reaccionar mal. En cambio, sé amable y responde con una voz suave, un espíritu humilde y una actitud serena.

Imagina la escena: Jesús y sus discípulos están en el mar de Galilea cuando se desata una tormenta violenta.

---

28   Oswald Sanders, *Spiritual Leadership* (Chicago: Moody Publishers, 2007), 48

Temiendo por sus vidas, los discípulos se molestan con Jesús, pues mientras todos están a punto de morir, Él duerme en la popa. Lo despiertan y claman, *Maestro, ¿no tienes cuidado que perecemos?* (Marcos 4:38). Jesús sí se preocupa. También se preocupa por su falta de fe, pero no los reprende ni los humilla. Les habla con palabras calmadas y firmes, *¿Por qué teméis, hombres de poca fe?* (Mateo 8:26). Luego, Jesús calma milagrosamente la tormenta. Él modela el dominio propio, hablando a sus discípulos angustiados con calma y compostura.

2. Corrige a los Demás con Amor

Pablo le dice a Timoteo que *el siervo del Señor no debe ser contencioso, sino amable para con todos... que con mansedumbre corrija a los que se oponen* (2 Timoteo 2:24-25). Pablo modeló este comportamiento cuando corrigió a los corintios. Una minoría rebelde, influenciada por los opositores de Pablo, había rechazado el evangelio y su ministerio apostólico. El amor y la bondad de Pablo se ven claramente en sus palabras a esta minoría: *Yo Pablo os ruego por la mansedumbre y ternura de Cristo* (2 Corintios 10:1). Luego, en 2 Corintios 10 al 14, Pablo corrigió a sus opositores, pero incluso en su franqueza mostró el amor de Cristo. Escribió,

Delante de Dios en Cristo hablamos; y todo, muy amados, para vuestra edificación (2 Corintios 12:19).

Seguir la verdad en amor (Efesios 4:15) es el enfoque que los líderes cristianos deben tomar siempre que sea necesario corregir. Antes de corregir a alguien, asegúrate de que tu motivación sea el bienestar espiritual de esa persona. Si es así, pide a Dios que te ayude a hablar con la mansedumbre y la ternura de Cristo.

3. Restaura con Mansedumbre a los Creyentes Caídos

Cuando Jesús se apareció a sus discípulos después de resucitar, restauró a Pedro con mansedumbre. Algunas personas, en el lugar de Jesús, quizás hubieran buscado a Pedro para reprenderlo por haberlo negado tres veces. Pero no Jesús. Él le preguntó, *Simón, hijo de Jonás, ¿me amas más que éstos?* (Juan 21:15). Jesús le dio a Pedro la oportunidad de declarar su lealtad y amor.

Cuando alguien en tu iglesia (o en tu hogar) peca o se aleja de Dios, puede ser tentador, en tu frustración, hablar con dureza o condenarlo. Incluso podrías sentirte tentado a abandonarlo. Conocemos casos de personas que cometieron delitos y fueron abandonadas por los líderes de su iglesia tan pronto como fueron arrestadas. En lugar de extenderles la gracia redentora de Dios, estos líderes ya no quisieron tener trato con ellos. Pablo dijo, *Si alguno fuere sorprendido en alguna falta, vosotros que sois espirituales restauradle con espíritu de mansedumbre; considerándote a ti mismo, no sea que tú también seas tentado* (Gálatas 6:1).

Todo creyente es candidato para la restauración. Si Jesús pudo restaurar a Pedro —quien negó que lo conocía—, tú y yo también podemos restaurar con mansedumbre a los que han caído en pecado. Al hacerlo, estarás demostrando que el carácter de Cristo está siendo formado en ti.

4. Defiende el Evangelio con Mansedumbre

Ocasionalmente encontrarás ateos y personas que se oponen al evangelio. Estas conversaciones pueden ser fructíferas. Pablo solía razonar con los judíos, tratando de persuadirlos de que Jesús era el Mesías. Algunos de ellos fueron convencidos e incluso se unieron a su ministerio, junto con griegos devotos y mujeres prominentes (Hechos 17:2-4).

Algunas personas usan tácticas agresivas al compartir su fe frente a la oposición. Intentan demostrar que tienen la razón, a menudo menospreciando a la persona con la que están discutiendo. Por ejemplo, alguien podría decir, *¿Cómo puede una persona inteligente creer que venimos de los monos? ¡Pensé que eras más listo que eso!* Defender el evangelio no significa atacar a la persona. Eso es una mala apologética. Estamos llamados a presentar y defender el evangelio con amor. *Estad siempre preparados para presentar defensa con mansedumbre y reverencia ante todo el que os demande razón de la esperanza que hay en vosotros* (1 Pedro 3:15). ¿El resultado? Otros verán en ti el amor y la humildad de Cristo, y ese ejemplo será más poderoso que cualquier argumento que puedas presentar.

Mientras cultivas el carácter de Cristo en tu vida y ministerio, **que vuestra gentileza sea conocida de todos los hombres** (Filipenses 4:5). Pero si eres grosero o áspero, no das evidencia del poder ni de la presencia de Cristo en tu vida. Sométete a la voluntad del Espíritu Santo y al señorío de Cristo. Serás más compasivo y considerado, y tu espíritu amable será un ejemplo visible para que otros lo sigan.

Jesús es Nuestro Modelo de Mansedumbre

Bondadoso. Compasivo. Amoroso en todos Sus caminos. Jesús es el ejemplo perfecto de mansedumbre. Tal vez te estés preguntando, *"Un momento, ¿y qué hay de cuando Jesús volcó las mesas de los cambistas?"*

Incluso en Su enojo, Jesús tenía control de sus emociones. Cuando tienes un espíritu sumiso como el de Cristo, incluso tu enojo está controlado y dirigido únicamente contra el pecado. A eso se le llama indignación justa.

Cuando los comerciantes del templo intentaron lucrarse con el deseo de la gente de estar bien con Dios, Jesús mostró enojo y volcó las mesas de los mercaderes y las sillas de los que vendían palomas (Mateo 21:12). Pero en Su ira, no pecó. No fue grosero. No habló con dureza. Pero sí confrontó aquello que estaba mal. Luego corrigió el pecado de ellos diciendo: *"Mi casa, casa de oración será llamada; más vosotros la habéis hecho cueva de ladrones"* (Mateo 21:13).

Ser amable no significa que nunca estés enojado. No significa que seas pasivo. No significa que seas débil. Significa que hablas a los demás de una manera que muestra que Cristo vive en ti, obrando para hacerte más como Él. Sin un espíritu de mansedumbre, estarás más propenso a pecar en tu enojo, lo cual le da oportunidad al diablo para sembrar discordia (Efesios 4:26-27).

La mansedumbre es un requisito clave para los líderes cristianos (1 Timoteo 3:3). Invita al Espíritu Santo a ayudarte a reflejar el carácter de Cristo mientras te conviertes en un líder que demuestra mansedumbre, incluso en medio de la ira.

Capítulo 8

Sé Hospitalario

¿Alguna vez has estado en casa de alguien y te has sentido poco bienvenido? No te ofrecen asiento ni algo para beber, y el anfitrión muestra una actitud de impaciencia. Casi se siente como si estuviera ansioso por que te vayas. Esto es lo opuesto a cómo deben comportarse los cristianos, especialmente los líderes cristianos. Debemos vivir el evangelio por medio de la hospitalidad y las obras de bondad. Timothy Keller escribió, La hospitalidad bien hecha es generosa, sin quejas, amorosa y reconfortante. No hace que los invitados se sientan como 'invitados', sino como miembros de la familia. La hospitalidad brinda una sensación de seguridad, calidez, protección y amor.[29]

Jesús nos da el estándar para la hospitalidad: *Porque tuve hambre, y me disteis de comer; tuve sed, y me disteis de beber; fui forastero, y me recogisteis; estuve desnudo,*

---

29 Timothy Keller, *Gospel in Life Study Guide* (Guide Rapids: Zondervan,2010), 78.

y me cubristeis; enfermo, y me visitasteis; en la cárcel, y vinisteis a mí (Mateo 25:35-36).

Las palabras de Jesús describen actos de bondad que podemos hacer todos los días. Cuando elegimos hacerlo, no solo mostramos hospitalidad bíblica a un hermano o hermana, sino que se la mostramos al mismo Cristo.

Pablo exige que los líderes cristianos sean hospitalarios (1 Timoteo 3:2; Tito 1:8). Tiene la hospitalidad en tal estima que incluso le ordena a Timoteo no inscribir en la lista de ayuda a las viudas que no hayan practicado la hospitalidad (1 Timoteo 5:10).

La hospitalidad es uno de los frutos de recibir la gracia de Dios. Lucas revela este hecho en Hechos cuando nos habla de Lidia, una comerciante adinerada. En solo dos versículos, vemos la gracia del Señor y su efecto inmediato en ella. Primero, Dios abrió el corazón de Lidia hacia Él. Segundo, Lidia abrió su corazón a los demás: *El Señor abrió el corazón de ella para que estuviese atenta a lo que Pablo decía* (Hechos 16:14). Luego, Lidia respondió abriendo su corazón y su hogar: *Si habéis juzgado que yo sea fiel al Señor, entrad en mi casa, y posad* (Hechos 16:15).

Se cree que la casa de Lidia fue uno de los primeros lugares de reunión de la iglesia en Macedonia. Lidia nos muestra la hospitalidad en acción.

Hechos 16 no es la última vez que escuchamos cómo la gracia impulsa la hospitalidad de los creyentes macedonios. Pablo se jactó de ellos ante la iglesia de Corinto cuando dijo, *Asimismo, hermanos, os hacemos saber la gracia de Dios que se ha dado a las iglesias de Macedonia* (2 Corintios 8:1). Estas iglesias macedonias estaban atravesando muchas tribulaciones y una extrema pobreza (v. 2), y aun así *rogaban ... con muchos ruegos* por participar en este servicio para los santos (v. 4). Seguramente habrían abierto sus hogares para compartir lo que tenían con los necesitados, pero en este caso enviaron lo que tenían al lugar donde estaban esos creyentes.

Los ejemplos de Lidia y de los macedonios representan dos formas principales de mostrar hospitalidad. Veamos ambas:

1. Abre Tu Hogar

La Biblia nos dice a quiénes debemos abrir nuestras puertas.

Debemos abrir nuestros hogares a otros cristianos.

Pablo instruye a la iglesia a estar atentos a los cristianos necesitados y a buscar oportunidades para mostrar hospitalidad (Romanos 12:13). No está hablando de entretenimiento social. Una persona que entretiene socialmente se enfoca en sí misma, tratando de impresionar con una casa impecable, alimentos exquisitos y símbolos de estatus —todo con el fin de brillar ante los demás. En cambio, una persona que practica la hospitalidad cristiana se preocupa mucho más por el huésped que por proyectar una imagen.

En tiempos de Isaías, el pueblo de Dios intentaba exhibir su piedad mediante rituales religiosos. Iban al templo cada día, ayunaban y leían las Escrituras, pero lo hacían por motivos equivocados. En su esfuerzo por elevarse, descuidaban a los necesitados a su alrededor.

Dios los llamó rebeldes por su comportamiento egoísta y dejó claro qué acciones espera cuando lo buscamos sinceramente: *¿No es que partas tu pan con el hambriento, y a los pobres errantes albergues en casa; que cuando veas al desnudo, lo cubras, y no te escondas de tu hermano?* (Isaías 58:7).

Dios se preocupa más por cómo tratamos a los demás que por cómo nos mostramos ante ellos. Quiere que mostremos hospitalidad a nuestra familia, a los líderes cristianos y a los hermanos en la fe. No se requiere riqueza, ni una casa lujosa, ni alimentos finos, ni siquiera mucho tiempo. Un anfitrión hospitalario simplemente tiene un oído atento, un corazón humilde y está dispuesto a compartir *para las necesidades de los santos* (Romanos 12:13).

Debemos abrir nuestros hogares a los misioneros. A veces tu casa puede ser parte del plan de Dios para difundir el evangelio. Cuando abres tu hogar a un misionero, lo conviertes en un lugar de descanso y renovación para quienes están en las líneas de batalla de la evangelización mundial. Proporcionas descanso y apoyo financiero. Cada comida que preparas, cada cama que ofreces, y cada vez que prestas tu vehículo a un misionero, le ayudas a ahorrar en viajes y alojamiento. Ese dinero puede usarse para avanzar en el Reino de Dios.

Los líderes de iglesia hospitalarios también proveen para predicadores itinerantes. Algunas iglesias incluso compran casas cercanas exclusivamente para hospedar a estos predicadores. Jesús dejó claro que estos siervos que viajan deben esperar hospitalidad en sus caminos

(Lucas 10:3-9). Al abrir nuestros hogares, somos hijos de paz (Lucas 10:6).

Debemos abrir nuestros hogares a los extraños. El autor de Hebreos equipara la hospitalidad con el amor fraternal: *Permanezca el amor fraternal. No os olvidéis de la hospitalidad, porque por ella algunos, sin saberlo, hospedaron ángeles. Acordaos de los presos, como si estuvierais presos juntamente con ellos* (Hebreos 13:1-3). Admiramos a quienes se acercan y ministran a los encarcelados. Esta población olvidada no solo es ignorada, sino a menudo despreciada por los cristianos. Mostrar hospitalidad a extraños y prisioneros puede ser difícil, pero eso es exactamente lo que estamos llamados a hacer.

2. Cuida a los Cristianos que Están en Necesidad

Pero el que tiene bienes de este mundo y ve a su hermano tener necesidad, y cierra contra él su corazón, ¿cómo mora el amor de Dios en él? (1 Juan 3:17).

Juan es muy claro: si ves a un creyente en necesidad, comparte tus bienes. No lo pienses como un préstamo, sino como una forma de compartir tus bendiciones. Recuerda, todo lo que tienes proviene del cielo (Juan 3:27).

El Espíritu Santo trae unidad, y compartir es una extensión natural de esa unidad. Los miembros de la iglesia primitiva estaban tan motivados a compartir que vendían sus posesiones y lo ponían todo en común (ver Hechos 4:32-37). ¿El resultado? No había entre ellos ningún necesitado (Hechos 4:34).

La hospitalidad también ocurre **fuera del hogar**, cuando una persona lleva o envía sus bienes a otra. Sin embargo, muchas iglesias y cristianos individuales no lo hacen. Esta falta tendrá consecuencias, pues la Biblia llama **transgresor de grandes pecados** a quien rechaza al necesitado (Amós 5:12).

¿Por qué algunos creyentes dudan en ayudar o deciden no hacerlo? A continuación, se analizan algunas excusas comunes:

1. "Mi dinero será desperdiciado." Dios nos dice que compartamos lo que tenemos. No nos otorga la autoridad para imponer condiciones a nuestros dones. Además, hay muchas formas de ayudar que no requieren dar dinero directamente: podemos comprar comidas, ofrecer artículos nuevos o en buen estado, o mejor aún, brindar nuestro tiempo y esfuerzo para servir a alguien con necesidad.

2. "Lo poco que puedo ofrecer no hará diferencia." Esta forma perezosa de pensar existe desde hace miles de años. La idea de que un individuo no puede hacer una diferencia es absurda. De hecho, todos los grandes logros han sido realizados por personas individuales trabajando en grupo, cada una aparentemente insignificante, pero juntas alcanzando mucho.

3. "Los mandatos bíblicos de ayudar a los pobres eran para tiempos bíblicos." El llamado a ayudar no está limitado a una época que ya terminó. En ningún lugar Dios pone fecha de vencimiento a Su mandamiento. Quienes usan esta excusa "tiempos bíblicos" no creen que la Biblia sea relevante hoy. No creen que la Palabra de Dios sea viva y eficaz (Hebreos 4:12). El mandato de cuidar a los pobres sigue vigente.

4. "No conozco a nadie necesitado." Santiago reprendió a los cristianos por su ignorancia voluntaria hacia los necesitados: *Y si un hermano o una hermana están desnudos, y tienen necesidad del mantenimiento de cada día, y alguno de vosotros les dice: Id en paz, calentaos y saciaos, pero no les dais las cosas que son necesarias para el cuerpo, ¿de qué aprovecha?* (Santiago 2:15-16). Los líderes deben estar atentos a quienes tienen necesidades espirituales y materiales, y buscar cómo suplirlas.

5. "No tengo tiempo y no sabría por dónde empezar." Un líder sin tiempo para mostrar hospitalidad tiene sus prioridades desordenadas. Todo comienza con una política de "puertas abiertas". Si priorizas tu "trabajo" (predicación, planificación, presupuestos, etc.) por encima de las personas, estás descuidando tu llamado. Las personas son tu

trabajo. Permítete ser interrumpido. Abre
tu oficina como abrirías tu casa. Sé siempre
acogedor con quienes se acerquen a ti en
la iglesia – ellos son tu ministerio.

La Biblia nos aleja de un liderazgo individualista y
egoísta, y nos invita al servicio, donde estamos atentos a las necesidades de la iglesia y sensibles ante las
injusticias del mundo. A medida que el Espíritu Santo
obra en ti para abrir tu corazón más y más a Dios,
encontrarás que también estás ofreciendo tu corazón,
tu hogar y tus manos a los demás.

Jesús es Nuestro Modelo de Hospitalidad

Practica la hospitalidad en todas tus relaciones. No
necesitas ser amigo íntimo de todos, pero sí debes ser
hospitalario con quienes están en tu casa, tu iglesia, tu
vecindario y más allá.

A medida que crezcas en el carácter de Cristo,
permite que todos los que entren en contacto contigo
vean en ti la bondad, la generosidad y el amor de Jesús.

Capítulo 9

Sé Amante de lo Bueno

Dave está emocionado por el servicio de la iglesia de hoy. Será la primera vez que esté a cargo del sistema de sonido. Como técnico principal, será el encargado de controlar el audio de la banda de alabanza y adoración, así como del micrófono inalámbrico del pastor.

Cuando la banda comienza, todo suena excelente… durante unos cinco segundos. Luego ocurre lo impensable. Un zumbido agudo comienza a gritar desde las bocinas. Uno de los muchos micrófonos en uso provoca retroalimentación en los amplificadores. Los dedos de Dave reflejan su pánico mientras se mueven torpemente por la consola de sonido, tratando desesperadamente de ubicar y silenciar el chillido que lastima los oídos. Finalmente encuentra el micrófono que causa el problema y lo apaga. El incidente dura solo medio minuto, pero para Dave parece una eternidad. Una vez solucionado, el resto del servicio transcurre sin problemas.

Después de la oración final, el pastor Ward, líder de adoración, se dirige rápidamente a la cabina de sonido. Tiene la intención de reprender duramente a Dave porque, en su opinión, todo el servicio de sonido fue arruinado. Lo que es peor, el pastor Ward se siente avergonzado ya que uno de sus colaboradores cometió un error.

Justo antes de que el pastor Ward llegue a la cabina, el pastor principal, el pastor Dean, lo intercepta. Vio el enojo en su rostro y actuó rápidamente para calmar la situación. Los dos pastores llegan juntos a la cabina de sonido. Encuentran a Dave junto a otros dos técnicos, y su rostro revela claramente sus emociones. Está visiblemente afectado por lo ocurrido. Siente que ha decepcionado a todos. También cree que ha arruinado su oportunidad de seguir siendo el técnico principal, e incluso piensa que será retirado del equipo.

Por un momento, nadie dice nada. La tensión se puede cortar con un cuchillo.

Afortunadamente, el pastor Dean es un amante de lo bueno. Observó el lenguaje corporal y las expresiones de todos y actuó de inmediato. Comienza aligerando el ambiente. Con una gran sonrisa dice, "Bueno, ahora sabemos que nuestro sistema de sonido puede alcanzar notas altas, como Mariah Carey." Con una sonrisa juguetona, le guiña un ojo a Dave. Señala que estas cosas pueden pasar, y que, aunque son memorables, es poco probable que treinta segundos de retroalimentación hagan que la iglesia pierda miembros. "Además," dice, "he dado sermones de treinta minutos que probablemente fueron más molestos para nuestros oídos."

Más tarde, el pastor Dean habló en privado con el pastor Ward, quien, luego de considerar las palabras del pastor principal y dejar de lado su orgullo, reconoció que unos segundos de ruido no son señal del fin de los tiempos, y mucho menos razón para reprender a un hermano.

Hay una razón por la cual el apóstol Pablo incluye ser amante de lo bueno entre las cualificaciones para líderes de iglesia. Es crucial que cada líder cristiano aprenda a ver lo bueno en cada persona y en cada situación. La frase "amante de lo bueno" (Tito 1:8) proviene de una palabra griega que combina "amigo" (*philos*) con "bondadoso" (*agathos*). Un philágathos es alguien que ama hacer el bien a los demás. No solo hace el bien, sino que se deleita en hacerlo. Pablo valoró tanto este rasgo de carácter que reservó el uso de *philágathos* solo para esta ocasión. No aparece en ninguna otra parte de la Biblia.

Encuentra lo Bueno en Todos y en Todo

Ver lo bueno en todos y en todo es una cualidad esencial del liderazgo. **No es algo natural.** Nuestra tendencia es criticar, quejarnos y condenar, por lo que debe ser cultivado con intención. Aquí tienes cinco maneras de lograrlo:

1. Sepárate de lo Malo

Pablo habla bastante sobre la mala conducta. Es firme respecto a cómo **no deben vivir** los creyentes. Al describir las cualificaciones para líderes cristianos a Tito, menciona muchas conductas y actitudes inaceptables (Tito 1:6-16):

- libertinaje

- arrogancia

- embriaguez

- avaricia

- pereza

- desobediencia

- insubordinación

- mal genio

- violencia

- engaño

- glotonería

Algunas de las conductas inaceptables en la lista de Pablo pueden ser fáciles de evitar porque ya no las practicas. Sin embargo, otras pueden resultarte muy familiares porque las reconoces en ti mismo. Estas pueden ser eliminadas, pero no por tus propias fuerzas; se requiere un compromiso con la pureza, la santidad y una vida dedicada a imitar a Cristo.

Mientras Pablo explica las cualificaciones y descalificaciones para los líderes, hace una declaración profunda: *Todas las cosas son puras para los puros; más para los corrompidos e incrédulos nada les es puro* (Tito 1:15). No solo está diciendo que los amantes de lo bueno encontrarán lo bueno incluso en un mundo malo, sino que también afirma que si no amas lo bueno, tendrás dificultades para ver lo bueno en cualquier cosa. Las mentes corruptas encuentran corrupción en todo.

2. Cambia tus Pensamientos y Actitudes

Todos tenemos personas en nuestra vida que ponen a prueba nuestra paciencia. Los amantes de lo bueno buscan cualidades redentoras en lugar de enfocarse en lo negativo.

Aquí tienes un ejercicio para ayudarte a reformular pensamientos y actitudes negativas. En cada espacio numerado, escribe el nombre de una persona que encuentres especialmente irritante (sé honesto; esto te ayudará a sacar el mayor provecho del ejercicio).

Ahora, practica ver lo bueno. En los tres espacios con letras después de cada nombre, escribe una cualidad positiva sobre esa persona. Intenta encontrar cualidades que incluso te parezcan admirables. Luego, pasa unos minutos asociando a esa persona con las cualidades que escribiste. El objetivo es que cuando pienses en esa persona, recuerdes sus cualidades positivas en lugar de las que te molestan. Un amante de lo bueno hace esto por hábito. Forma ese hábito.

1. _____

    a. _____

    b. _____

    c. _____

2. _____

    a. _____

    b. _____

    c. _____

3. _____

    a. _____

    b. _____

    c. _____

Ahora intentémoslo con circunstancias que te molestan en la vida. Repite el ejercicio anterior, pero esta vez escribe tres situaciones que te irritan —por ejemplo, el tráfico pesado o los vecinos ruidosos. En los espacios con letras, escribe tres formas en las que podrías usar esa situación para bien. Por ejemplo, el tráfico pesado puede darte tiempo para escuchar un audiolibro, disfrutar música relajante, o meditar en las Escrituras y orar. Seguro puedes pensar en muchas más ideas. Puede parecer difícil al principio, pero con práctica, estarás encontrando lo bueno incluso en las peores situaciones.

1. _____

    a. _____

    b. _____

    c. _____

2. _____

   a. _____

   b. _____

   c. _____

3. _____

   a. _____

   b. _____

   c. _____

Eliminar la negatividad no significa que nunca te sentirás irritado, ni que serás feliz en todas las situaciones de la vida. Pero sí significa que pasarás menos tiempo en un estado mental negativo. Encontrarás gozo incluso cuando enfrentes pruebas de diversas clases, sabiendo que las dificultades están diseñadas para desarrollar madurez espiritual (Santiago 1:2-4), para que tu fe sea genuina (1 Pedro 1:7).

3. Llena tu mente de buenos pensamientos

Nosotros (los autores) vivimos en un clima desértico. Nuestros veranos son bastante calurosos, pero incluso en los meses más calientes, ocasionalmente nos sorprenden uno o dos días con temperaturas frescas. Mientras yo (B. W.) caminaba con un amigo en uno de esos días inusualmente frescos, comenté: "¡Qué clima tan fantástico estamos teniendo!" Mi amigo refunfuñó:

"Sí, por ahora." Su comentario despectivo reveló su actitud negativa.

Los amantes de lo bueno se niegan a tener actitudes cínicas. Las personas con el carácter de Cristo ven lo bueno en las cosas buenas, como el disfrute de un día fresco después de muchos días calurosos, pero los amantes de lo malo sólo ven cosas negativas. Estas dos actitudes reflejan diferencias en la condición del corazón. Los amantes de lo bueno tienen corazones llenos de gratitud porque encuentran el gozo supremo en Cristo. Para los amantes de lo malo, Cristo no es suficiente.

¿Cómo nos curamos de una actitud negativa? Pablo nos da la receta en Filipenses 4:8:

> Por lo demás, hermanos, todo lo que es ver-
> dadero, todo lo honesto, todo lo justo, todo
> lo puro, todo lo amable, todo lo que es de
> buen nombre; si hay virtud alguna, si algo
> digno de alabanza, en esto pensad.

Pablo no está simplemente recomendando que pensemos cosas felices, sino que nos está desafiando a cambiar por completo nuestra perspectiva de la vida. Él está prescribiendo una renovación total de nuestras actitudes. Los amantes de lo bueno han eliminado las actitudes negativas y en su lugar ven la verdad, la nobleza, la justicia, la pureza, la hermosura, la admirabilidad, la excelencia y lo digno de alabanza. Tomará tiempo y paciencia dominar Filipenses 4:8 porque no es tarea sencilla reformar tu manera de pensar. De hecho, no puedes hacerlo por tu cuenta. Pero hay alguien que es verdadero, honorable, justo, puro, amable, digno de admiración, excelente y digno de alabanza. Si pones tu fe en Él, Jesús, para que renueve tu mente por medio del poder de Su Espíritu (Romanos 8:5; 12:2; Tito 3:5), Él te capacitará para ser un amante de lo bueno.

4. Elige hacer el bien

Los amantes de lo bueno no sólo se separan de lo malo cambiando sus pensamientos y actitudes, sino que también buscan activamente el bien a través de sus acciones. Encuentran el bien, asumen el bien y hacen el bien. La mejor manera de entrenarte para hacer el bien es tomarte en serio la Regla de Oro. En Lucas 6:31, Jesús nos dice que como queréis que hagan los hombres con vosotros, así también haced vosotros con ellos.

Prueba este ejercicio: En los espacios a continuación, anota tres cosas que te gustaría que las personas hicieran por ti.

1. _____
   _____

2. _____
   _____

3. _____
   _____

Ahora, ¿cómo puedes hacer cada una de esas cosas por otra persona? ¡Ve y hazlas!

Jesús no se detiene con la Regla de Oro. En los siguientes versículos (Lucas 6:32-36), nos dice que amemos a quienes no nos aman, que hagamos el bien a quienes no nos hacen el bien, y que prestemos a quienes no esperamos que nos devuelvan. Resume estas acciones diciendo:

Amad a vuestros enemigos. ¡Amar a nuestros enemigos! Esa idea es completamente contraria a nuestra naturaleza humana.

¿Cómo aprendemos a amar a nuestros enemigos? Actuando como si ya los amáramos. Esto no es un llamado a la falsedad o la hipocresía. Es poner en práctica la Regla de Oro y confiar en que tu corazón se alineará con tus acciones. Al hacer esto, poco a poco construirás dentro de ti un hábito de tolerancia.

Piensa en la persona con la que más te cuesta lidiar. Escribe su nombre a continuación:

Nombre: _____

Pregúntate: Si aceptara a esta persona tal como es, ¿cómo me comportaría? ¿Qué haría en realidad?

Ahora ve y compórtate como lo acabas de imaginar. No esperes a que tu "enemigo" cambie. En su lugar, sé obediente a Cristo y ámalo o ámala tal como es.

Mientras pongas en práctica la Regla de Oro, ten una actitud de generosidad y amabilidad. Incluso una persona con muy poca riqueza material tiene algo de riqueza que puede dar cada día.[30] Puedes:

- dar sonrisas a todos,

- dar gratitud,

---

30   Gene Getz, *The Measure of a Man* (Ventura, CA: Regal, 2004), 205.

- dar honra y reconocimiento,

- dar tiempo a causas dignas,

- dar esperanza,

- dar ánimo,

- dar palabras edificantes,

- dar saludos y respuestas amables,

- dar perdón.

Dios bendice abundantemente a quienes dan con alegría a los demás. Jesús dijo, *Dad, y se os dará; medida buena, apretada, remecida y rebosando darán en vuestro regazo; porque con la misma medida con que medís, os volverán a medir.* (Lucas 6:38).

Si damos cosas como amabilidad y perdón a los demás, estas cosas volverán a nosotros en abundancia. Esta es una verdad emocionante, pero no debe ser la única motivación para hacer el bien y amar lo bueno. Los amantes de lo bueno eligen hacer el bien porque saben que sus buenas obras dan gloria a su Padre que está en los cielos (Mateo 5:16).

Mi hermana Donica (B. W. hablando) es una verdadera amante de lo bueno. Ella puede encontrar lo bueno en cualquier cosa. Por ejemplo, ha sufrido de un fuerte dolor de espalda durante muchos años y tiene todas las razones para quejarse cuando su espalda le duele. Sin embargo, elige enfocarse en los momentos en los que no tiene dolor. Como una devota seguidora de Cristo, encuentra lo positivo incluso en las peores situaciones. Pero hace más que eso.

Hubo un tiempo en mi vida en el que estaba alejado de Cristo. Me había apartado, y Donica lo notó. Ella dejó de lado su tendencia habitual de ver lo bueno en mí y me escribió una carta que fue dura, pero empapada de amor. Me confrontó con cada uno de mis caminos pecaminosos. No fue suave conmigo, sino que expuso mis terribles acciones. La carta realmente me sacudió. De hecho, me devastó. Pero necesitaba esa carta. Fue el impulso que necesitaba para arrepentirme, alejarme del pecado y volver a Cristo, y la amo por eso.

Mi hermana sabía una verdad importante: a veces, ser un amante de lo bueno significa ser un odiador de lo malo.

5. Ama a Dios de Todo Corazón

Un día, un experto en la ley se levantó para poner a prueba a Jesús, haciéndole una pregunta:

Maestro, ¿cuál es el gran mandamiento en la Ley? (Mateo 22:36). Jesús resumió todo el Antiguo Testamento en dos mandamientos: *Amarás al Señor tu Dios con todo tu corazón, y con toda tu alma, y con toda tu mente. Este es el primero y grande mandamiento. Y el segundo es semejante: Amarás a tu prójimo como a ti mismo.* (Mateo 22:37-39).

La manera de amar lo bueno es seguir la ley de Cristo. Gene Getz escribió:

"La medida en que amo a Dios y reflejo ese amor haciendo su voluntad revelada en la Palabra de Dios, es también la medida en

que amo lo que es bueno. En consecuencia,
las preguntas reales que debo enfrentar son:
¿Realmente amo a Dios? ¿Cuánto amo real-
mente a Dios?"[31]

A medida que eliges amar a Dios de todo corazón y amar genuinamente a los demás, será difícil no ser un amante de lo bueno, porque amar lo bueno es un resultado natural de amar a Dios.

Jesús es Nuestro Modelo de Amor por lo Bueno

Jesús no solo fue un amante de lo bueno, sino que su carácter y naturaleza fueron y son buenos. Más que buenos. Perfectos. Por eso no es de extrañar que Él viera lo bueno cuando otros no lo veían. Sus discípulos, por ejemplo, se indignaron cuando la hermana de Marta, María, derramó un costoso perfume sobre la cabeza de Jesús como acto de devoción y adoración. Los discípulos, nobles a sus propios ojos, preguntaron: *¿Para qué este desperdicio?* (Mateo 26:8). Expresaron su opinión de que el ungüento podría haberse vendido por una buena cantidad de dinero y haberse dado a los pobres (v. 9).

Lo que fue un desperdicio para los discípulos fue *una buena obra* (v. 10) para Jesús. María, sin saberlo, ungió el cuerpo de Jesús, preparándolo para su inminente muerte y sepultura (v. 12). Él reconoció que ella estaba haciendo algo bueno, algo hermoso, algo

---

31   Getz, *Measure, 205.*

que sería recordado. Jesús dijo, *De cierto os digo que dondequiera que se predique este evangelio, en todo el mundo, también se contará lo que ésta ha hecho, para memoria de ella.* (v. 13).

Nosotros no somos perfectos como Jesús, pero al poner nuestra fe en Él, Él nos ayudará a ver como Él ve. Confía en Él para que te haga más y más como Él, y tú también podrás ser un amante de lo bueno en cada persona y en cada situación.

Capítulo 10

Sé Santo

Dios llama a todos los creyentes a vivir vidas santas. Él es santo, y nosotros debemos ser santos en todo lo que hagamos (1 Pedro 1:15). No es de extrañar que Pablo esperara que los líderes de la iglesia fueran santos (ver Tito 1:8). Ellos son los encargados de pastorear el rebaño de Dios (1 Pedro 5:1-2). Si no están buscando la piedad, no podrán inspirar esa misma búsqueda en los demás.

Los cristianos comúnmente definen "santo" como "apartado." Esto es cierto respecto a la palabra griega *hagios*, que se traduce como "santo" más de 220 veces en el Nuevo Testamento. Pero en su carta a Tito, Pablo usó una palabra ligeramente diferente: *hosios*. Esta palabra aparece sólo ocho veces en el Nuevo Testamento. Además de "apartado," significa "sancionado por la ley suprema de Dios y de la naturaleza; piadoso; devoto."[32]

---

32   William Mounce, *Mounce's Complete Expository Dictionary of Old and New Testament Words* (Grands Rapids: Zondervan, 2006), 1,227.

Se usa en Hechos 2:27 y 13:35 para describir la santidad suprema de Jesús, nuestro Sumo Sacerdote, quien es completamente *hosios* porque está sin pecado y es completamente puro.[33]

Nuestro Llamado a la Santidad

¿Por qué Pablo llamaría a los líderes a un nivel tan alto de santidad? Hay al menos seis razones:

Primero, Dios lo manda para todo líder cristiano. En 2 Timoteo 2:19, Pablo dice esto de todo obrero aprobado por Dios: *Apártese de iniquidad todo aquel que invoca el nombre de Cristo.*

Si queremos estar preparados para toda buena obra y ser útiles al Señor, debemos dejar todo pecado y limpiarnos de lo que es deshonroso. Si lo hacemos, seremos vasos para uso honorable, apartados como santos (2 Timoteo 2:21).

Segundo, la santidad demuestra que estamos conformados al carácter de Dios. Fuimos creados a imagen de Dios. Por lo tanto, somos capaces de reflejar Su carácter.

Tercero, los líderes santos son ejemplos de moralidad para aquellos a quienes lideran.[34] Dios establece el estándar de moralidad. Él es justo y misericordioso. Se preocupa profundamente por cada uno de Sus seguidores. Los líderes deben hacer lo mismo. Deben modelar una moralidad que esté por encima de lo que el mundo llama moral. Deben ser abnegados. Deben abstenerse de conversaciones, pensamientos y acciones

---

33 Mounce, *Dictionary*, 338.
34 Jerry Bridges, *The Pursuit of Holiness* (Colorado Springs: NavPress, 2006), 9.

impías. Deben esforzarse diariamente por ser seguidores devotos de Cristo.

La cuarta razón por la que Pablo exige que los
líderes cristianos sean santos es para que todas las
decisiones sean dirigidas por Dios y guiadas por el
Espíritu Santo. Los líderes santos confían en Dios al
evaluar opciones y eligen acciones que honren a Dios
(ver Job 1:8). Dios puede usar muchos métodos para
guiar a los líderes cristianos, pero siempre podemos
contar con Su Palabra para alumbrar nuestro camino
(Salmo 119:105).

Quinto, los líderes cristianos que no son santos no
pueden pastorear adecuadamente el rebaño de Dios.
Por ejemplo, ¿cómo puede un pastor adicto a la pornografía guiar a una iglesia hacia la pureza sexual?
Los líderes que desafían los mandamientos de Dios
tanto en público como en privado no pueden edificar
genuinamente a sus seguidores. Pablo exige líderes
que mantengan firme la Palabra de Dios. Estos son
líderes santos.

Finalmente, los líderes santos siguen la voluntad de
Dios. Pedro dice que una señal de santidad es no con-
formarse a los deseos malvados que teníamos cuando
vivíamos en ignorancia. Cuando reflejamos la santidad
de Dios, no podemos evitar seguir Su voluntad. Seremos
morales como Él es moral, justos como Él es justo y
misericordiosos como Él es misericordioso.

No podemos ser santos sin la ayuda del Espíritu
Santo, quien siempre está dispuesto a ayudarnos a
seguir la voluntad de Dios (Juan 16:13) y a convencer-
nos cuando no lo hacemos (Juan 16:8).

Reflejando la Santidad de Cristo

Llegar a ser santos (nuestra santificación) es una obra progresiva. A medida que crecemos en santidad, nos vemos menos atados al pecado y más semejantes a Cristo en nuestras vidas.[35] Este proceso de toda la vida está influenciado tanto por Dios como por nosotros. Por supuesto, no tenemos roles iguales, ni trabajamos de la misma manera, pero la Escritura deja claro que parte de llegar a ser santos depende de nosotros (ver Filipenses 2:12). El teólogo Wayne Grudem dice, "El hecho de que la Escritura enfatiza el papel que nosotros jugamos en la santificación (con todos los mandamientos morales del Nuevo Testamento), hace apropiado enseñar que Dios nos llama a cooperar con Él en esta actividad."[36] Debemos hacer nuestra parte.

Entonces, ¿cómo hacemos nuestra parte en el proceso de la santificación? A continuación, se presentan cuatro maneras bíblicas de reflejar la santidad de Dios.

1. Lee la Palabra de Dios y Permite que la Palabra de Dios te Lea a Ti

En Juan 17:17, Jesús oró por sus discípulos (y por nosotros): *Santifícalos en tu verdad; tu palabra es verdad.* Está pidiendo a Su Padre que aparte a Sus seguidores para un servicio santo. También está describiendo el medio de la santificación: la Palabra de Dios.

Cuando leemos la Palabra de Dios con un corazón

---

35 Wayne Gruden, *Bible Doctrine* (Grand Rapids: Zondervan, 1999), 326.

36 Grudem, *Doctrine*, 331.

dispuesto a ser examinado por ella, Dios nos transforma. Esta obra del Espíritu sucede *porque la Palabra de Dios es viva y eficaz, y más cortante que toda espada de dos filos; y penetra hasta partir el alma y el espíritu, las coyunturas y los tuétanos, y discierne los pensamientos y las intenciones del corazón* (Hebreos 4:12).

Muchos pastores y líderes de iglesia leen sus Biblias, pero gran parte de su lectura es con fines de preparación. Se están preparando para un sermón o un estudio bíblico. Toda su lectura bíblica está centrada en lo que van a predicar, no en lo que están llegando a ser en Cristo.

Todo líder cristiano necesita un tiempo separado, fuera de la preparación de sermones o estudios, para leer y meditar en los preceptos de Dios y deleitarse en Sus estatutos (Salmo 119:15-16). Cuando lo hacemos, nuestras almas serán restauradas (Salmo 19:7), nuestros ojos serán iluminados (Salmo 19:8), y encontraremos protección contra el dominio del pecado (Salmo 19:12-14).

A medida que permitimos que la Escritura nos moldee, pensaremos y actuaremos de maneras nuevas y correctas. Nos despojaremos del *viejo hombre*, que corresponde a nuestra anterior manera de vivir, y seremos renovados en el espíritu de nuestra mente (Efesios 4:22-23). Esta renovación nos transforma para que podamos vestirnos *del nuevo hombre*, creado según Dios en la justicia y santidad de la verdad (v. 24). Este proceso de santificación es imposible sin un compromiso diario de leer y conformar nuestras vidas a la Palabra de Dios.

2. Ten una Convicción Firme de que Dios Quiere que Seas Santo

Dios nos recuerda a lo largo de la Escritura, **sed santos, porque yo soy santo** (por ejemplo, Levítico 11:44). Deja muy claro que nuestra santificación es Su voluntad (1 Corintios 1:2; 1 Tesalonicenses 4:3, 7; 2 Timoteo 1:9). La Escritura deja ver que Dios verdaderamente desea nuestra santidad, pero una declaración aún más poderosa fue hecha por las acciones de Cristo: Él *murió* para que podamos ser santos. Pablo dijo, *Y a vosotros también, que erais en otro tiempo extraños y enemigos en vuestra mente, haciendo malas obras, ahora os ha reconciliado en su cuerpo de carne, por medio de la muerte, para presentaros santos y sin mancha e irreprensibles delante de él.* (Colosenses 1:21-22)

Necesitamos tener la convicción de que Dios quiere que seamos santos, y luego vivir conforme a esa convicción.

3. Desarrolla Convicciones Contra los Pecados "Tolerables"

Es esencial tener una política de tolerancia cero hacia todo pecado. En *The Pursuit of Holiness* Jerry Bridges escribió:

"Nuestro problema es que no tomamos el pecado en serio. Hemos clasificado mentalmente los pecados en aquellos que son inaceptables y aquellos que pueden ser tolerados un poco."[37]

---

37   Bridges, *Holiness*, 5.

Los pecados inaceptables son obvios, como el robo (Éxodo 20:15), el adulterio (Éxodo 20:14), la inmoralidad sexual (1 Tesalonicenses 4:3), la mentira (Efesios 4:25) y el asesinato (Éxodo 20:13).

Los pecados "tolerables" son menos evidentes. Algunos ejemplos incluyen:

- la falta de perdón

- mentiras piadosas

- engaños en la declaración de impuestos

- pecados que justificamos (robar útiles de la oficina, romper límites de velocidad, compartir contraseñas de servicios de streaming, etc.)

- chistes de mal gusto

- música con letras o temas explícitos

- películas que glorifican el pecado

- sobre indulgencia o glotonería

- codiciar el estatus, tamaño de iglesia o influencia de otros

Los pecados tolerables siguen siendo pecados. En el momento en que empezamos a clasificar los pecados como más o menos "pecaminosos," comenzamos a volvernos tolerantes al pecado en general. Si estás tolerando incluso los pecados "pequeños" en tu vida, no estás avanzando hacia la santificación, sino alejándote de ella.

No solo debemos volver intolerables los pecados

"tolerables," sino también estar atentos a los pecados que se esconden en las llamadas zonas grises. Pablo dio a los corintios un filtro de cinco partes para discernir si un pensamiento, acción o actitud es correcta o incorrecta ante los ojos de Dios.[38]

Pregunta 1: ¿Me ayuda físicamente? ¿Espiritualmente? ¿Mentalmente?

> *"Todas las cosas me son lícitas," mas no todas convienen* (1 Corintios 6:12).

Pregunta 2: ¿Me domina?

> *"Todas las cosas me son lícitas," mas yo no me dejaré dominar de ninguna* (1 Corintios 6:12).

Pregunta 3: ¿Daña a otros o los hace tropezar?

> *Por lo cual, si la comida le es a mi hermano ocasión de caer, no comeré carne jamás, para no poner tropiezo a mi hermano* (1 Corintios 8:13).

Pregunta 4: ¿Edifica a otros y les beneficia?

> *"Todo me es lícito," pero no todo edifica. Ninguno busque su propio bien, sino el del otro* (1 Corintios 10:23-24).

---

38   Adaptadp de Bridges, *Holiness*, 69-70

Pregunta 5: ¿Glorifica a Dios?

*Si, pues, coméis o bebéis, o hacéis otra
cosa, hacedlo todo para la gloria de Dios*
(1 Corintios 10:31).

Al usar estas cinco preguntas, uno puede determinar
si un pensamiento, acción o actitud debería evitarse.
Inténtalo. Piensa en tu programa de televisión favorito
y pregúntate:

1. ¿Me ayuda físicamente? ¿Espiritualmente?
   ¿Mentalmente?

2. ¿Me domina?

3. ¿Daña a otros o los hace tropezar?

4. ¿Edifica a otros y les beneficia?

5. ¿Glorifica a Dios?

A muchas personas les encanta ver fútbol americano. A
nosotros también. No hay nada inherentemente malo
en ver un partido de fútbol americano en la televisión
o en persona. El problema surge cuando el partido
interfiere con tu búsqueda de la santidad.

Considera este escenario: Juan Vaiglesia es un gran
fanático de los 49ers. Este domingo, sus queridos 49ers
se enfrentan a los Dallas Cowboys. Su cuñado, Carlos
Singlesia, es un fiel seguidor de los Cowboys. Carlos
ha invitado a Juan a ver el partido. El saque inicial es
a las 10:00 a.m. del domingo. Juan, quien está esfor-
zándose por ser santo, debe decidir si acepta o no la

invitación de Carlos. Realmente quiere ir, pero decide usar el filtro de Pablo.

P1: ¿Le ayuda física, espiritual o mentalmente? Juan responde instintivamente: "Ver fútbol me ayuda a liberar estrés. Me ayuda mentalmente." Luego se da cuenta de que está justificando su deseo de ver el partido. Ver el partido con Carlos significa perderse el tiempo con la congregación de los santos. No es beneficioso espiritualmente.

Juan podría detenerse aquí, pero para demostrar el filtro de Pablo, continuamos.

P2: ¿Lo domina? Juan estuvo muy cerca de faltar a la iglesia para ver el partido. Tal vez no esté completamente bajo su poder, pero eso ya es una señal de alerta. Debe ser diligente en mantener sus prioridades en orden. Cuando vivía gobernado por su "viejo hombre" (Efesios 4:22), nunca se perdía un partido. El fútbol era un ídolo en su vida. Él ha experimentado el poder que el fútbol puede tener sobre él.

P3: ¿Daña a otros o los hace tropezar? No dañaría directamente a Carlos si Juan va a ver el partido. Sin embargo, Juan estaría perdiendo una gran oportunidad. Podría decirle a Carlos: "Me encantaría ver el partido contigo. ¿Qué tal si lo grabamos, vienes a la iglesia conmigo y lo vemos después?" ¿Quién sabe? ¡Tal vez Carlos encuentre a Jesús y tenga que cambiarse el apellido!

P4: ¿Edifica a otros y les beneficia? Podría hacerlo. Juan

podría usar ese tiempo con Carlos para fortalecer su relación.

P5: ¿Glorifica esto a Dios? Dado que Juan estaría eligiendo el fútbol sobre congregarse con los santos, esto no glorifica a Dios. Nuevamente, Juan podría grabar el partido y verlo con Carlos más tarde ese mismo día.

El filtro de cinco preguntas puede darte perspectiva sobre todos los aspectos de tu vida. Todos sabemos que ver pornografía es pecado, pero ¿qué pasa con ciertos programas de televisión? Tal vez no sientas que tu programa favorito te dañe física, espiritual o mentalmente, pero si te parece impensable perderte un episodio, entonces quizás se esté convirtiendo en un ídolo.

Las cinco preguntas incluso pueden aplicarse a las amistades que mantienes. Sabemos que las malas compañías corrompen las buenas costumbres (1 Corintios 15:33). Somete tus relaciones cercanas al filtro de cinco partes de Pablo y evalúa si son relaciones que te edifican.

4. Aprende a Decir "No"

Pablo dijo que *la gracia de Dios* nos enseña que renunciando *a la impiedad y a los deseos mundanos, vivamos en este siglo sobria, justa y piadosamente* (Tito 2:11-12). A continuación, se presentan varias cosas a las que debemos aprender a decir "no".

Di no a los pecados que fácilmente te enredan. Todos tenemos pecados que nos cuesta resistir. Les damos poder al redefinirlos como vicios, debilidades o defectos. Yo (B. W.) tengo un amigo cristiano que es adicto al tabaco de mascar. Él dice: "El tabaco es mi vicio" como un intento de evitar reconocer el control que la nicotina tiene sobre él. Implica que él posee el vicio, pero en realidad, el vicio lo posee a él. Debido a que somos fortalecidos por la gracia de Dios, tenemos tanto poder sobre nuestros vicios como sobre cualquier otro pecado.

Di no a hacer excepciones. Dios no tiene mandamientos que deban cumplirse "la mayoría del tiempo". No debemos caer en el hábito peligroso de permitirnos pecar "solo esta vez". Jerry Bridges lo dijo de esta manera: "Como no estamos dispuestos a pagar el precio de decir no a nuestros deseos, nos decimos a nosotros mismos que solo cederemos una vez más y que mañana será diferente. En el fondo sabemos que mañana será aún más difícil decir no, pero no pensamos mucho en ello."[39]

Cualquiera que haya sido adicto a la pornografía sabe lo fácil que es dejarlo... y lo difícil que es dejarlo y mantenerse firme. La mentira de "esta es la última vez" alivia la culpa y minimiza el pecado. Este tipo de pensamiento nos mantiene atados a la iniquidad.

Finalmente, di sí a la obediencia. Pedro dijo, *Como hijos obedientes, no os conforméis a los deseos que antes teníais estando en vuestra ignorancia; sino, como aquel que os llamó es santo, sed también vosotros santos en toda vuestra manera de vivir* (1 Pedro 1:14-15).

Hay una conexión inseparable entre la santidad y la obediencia. Siempre van de la mano.

La Biblia está llena de exhortaciones que nos ayudan

---

39   Bridges, *Holiness*, 107.

a vivir vidas piadosas y santas. Las siguientes exhortaciones de Colosenses 3 ejemplifican la vida a la que Dios nos llama. Tómate unos momentos para examinarte a ti mismo. A continuación, encontrarás una lista de pecados que debemos hacer morir, seguida de virtudes que debemos reflejar. Márcate con una palomita (✓) si crees que estás caminando en plena obediencia a la Palabra de Dios. Márcate con un menos (–) si sientes convicción de crecer en esa área.

¿Has hecho *morir* lo siguiente?

_____ inmoralidad sexual (v. 5)

_____ impureza (v. 5)

_____ pasiones desordenadas (v. 5)

_____ malos deseos (v. 5)

_____ avaricia (v. 5)

_____ ira (v. 8)

_____ enojo (v. 8)

_____ malicia (v. 8)

_____ calumnias (v. 8)

_____ lenguaje obsceno (v. 8)

_____ mentiras (v. 9)

¿Has vestido *lo* siguiente?

_____ un corazón compasivo (v. 12)

_____ bondad (v. 12)

_____ humildad (v. 12)

_____ mansedumbre (v. 12)

_____ paciencia (v. 12)

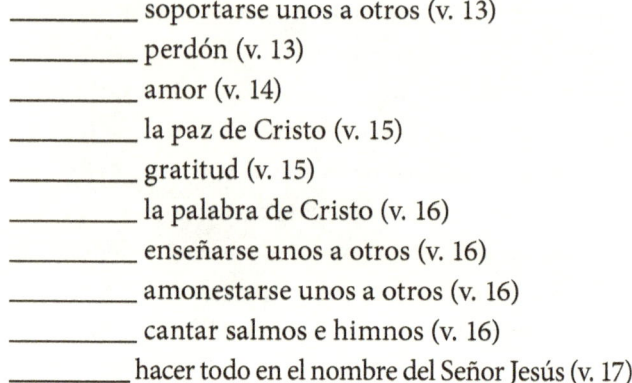

_____ soportarse unos a otros (v. 13)

_____ perdón (v. 13)

_____ amor (v. 14)

_____ la paz de Cristo (v. 15)

_____ gratitud (v. 15)

_____ la palabra de Cristo (v. 16)

_____ enseñarse unos a otros (v. 16)

_____ amonestarse unos a otros (v. 16)

_____ cantar salmos e himnos (v. 16)

_____ hacer todo en el nombre del Señor Jesús (v. 17)

La obediencia y la santidad se desarrollan intencionalmente a través de la diligencia. John Owen dijo, "Sin un esfuerzo sincero y diligente en cada área de obediencia, no habrá mortificación exitosa de ningún pecado dominante."[40] Si permitimos que ciertos pecados 'pequeños' pasen sin ser confrontados, se hace cada vez más fácil permitir otros pecados en nuestras vidas. Dios quiere que seamos obedientes en todas las áreas de nuestra vida, y "cuanto más éxito tengamos en decir no a nuestros deseos pecaminosos, más fácil será seguir diciéndolo."[41]

La santidad es una calificación seria para el liderazgo. Aún más importante, la santidad es una calificación esencial delante de Dios. Él dice, *Seréis santos, porque Yo soy santo* (Levítico 11:44).

Aquellos a quienes sirves necesitan un líder que lleve la imagen de Cristo. No puedes guiarlos a un Dios santo si la santidad no está viva en ti. Así que sé santo.

---

40   John Owen, *Temptation and Sin* (Regent College, 1983), 40.

41   Owen, *Temptation*, 40.

Jesús es Nuestro Modelo de Santidad

Jesús fue tentado en todas las áreas de Su vida personal, tal como nosotros, pero sin pecado (Hebreos 4:15). Permaneció sin pecado durante toda Su vida: *santo, inocente, sin mancha, apartado de los pecadores* (Hebreos 7:26).

Nada contaminó a Jesús. Nadie en Su tiempo se atrevía a tocar a una persona con lepra, porque la enfermedad era altamente contagiosa y tocar a un leproso hacía a la persona ceremonialmente impura. Pero Jesús sí lo hizo. Un leproso se arrodilló ante Él y le dijo, *"Señor, si quieres, puedes limpiarme." Jesus extendió la mano y le tocó, diciendo: "Quiero; Sé limpio."* (Mateo 8:2-3). En lugar de que la lepra y la impureza del hombre pasaran a Jesús, fue Jesús quien le impartió sanidad y pureza al leproso.

Al seguir el ejemplo de santidad de Jesús, no debemos permitir que el mundo nos contamine. Vivimos en el mundo, pero debemos poner *la mira en las cosas de arriba, no en las de la tierra* (Colosenses 3:2). En lugar de dejar que la impureza del mundo nos afecte, debemos impartir la pureza de Cristo en él: bendiciendo a quienes nos persiguen (Romanos 12:14), sin vengarnos cuando nos hacen mal (v. 19), mostrando bondad a nuestros enemigos (v. 20), y venciendo el mal con el bien (v. 21).

Al seguir el ejemplo de Cristo en santidad, seremos *irreprensibles y sencillos, hijos de Dios sin mancha en medio de una generación maligna y perver*sa, en medio de la cual resplandecéis como luminares en el mundo (Filipenses 2:15).

Evaluación de Rasgos de Carácter (ERC)

El propósito de esta evaluación es ayudar a medir el carácter de un líder. Esta ERC debe ser llenada por el líder y por tres personas que conozcan bien su vida y/o ministerio.

Nombre del Líder: _____

Para cada rasgo de carácter abajo, escribe el número que mejor describe cómo se manifiesta ese rasgo en la vida del líder. Por favor, responde con honestidad. Esta evaluación ayudará al líder a tomar conciencia de las áreas que necesitan crecer.

Clave:

5 = Muy desarrollado

4 = Mayormente desarrollado

3 = Parcialmente desarrollado

2 = Necesita mucha mejora

1 = Inexistente

1. _____ Intachable: sigue las reglas, obedece las leyes, vida piadosa, honesto, sin culpa, irreprensible

2. _____ Humilde: no tiene un alto concepto de sí mismo, no se jacta, se enfoca en los demás, desvía elogios, reconoce defectos y fracasos

3. _____ Sirve a su Familia: muestra amor sacrificial, enseña y modela conducta moral, disciplina los hijos justamente pero con firmeza, honra los votos matrimoniales, sexualmente puro

4. _____ Confiable: respeta la confidencialidad, es confiable, cumple plazos, puntual, cumple compromisos

5. _____ Disciplinado: no es perezoso, estudia con diligencia, establece límites claros, cuida su estado físico, maneja bien su tiempo

6. _____ Justo: recto, imparcial, justo, pacificador

7. _____ Amable: tranquilo cuando otros están enojados, cortés, no grosero, corrige con amor

8. _____ Hospitalario: acogedor, amable, abre su casa a otros, comparte con los necesitados, ofrece hospedaje a hermanos/as en la fe

9. _____ Amante de lo Bueno: actitud positiva, ve lo bueno en los demás, no se queja, no es crítico, anima a otros

10. _____ Santo: busca la pureza, resiste el pecado, apartado del mundo, consagrado a Dios, obedece la Palabra, da ejemplo piadoso

Puntuación de la Evaluación de Rasgos de Carácter (ERC)

Rasgo de Carácter	Auto-evaluación	Evaluador 1	Evaluador 2	Evaluador 3	Total
1. Intachable					
2. Humilde					
3. Sirve a su familia					
4. Confiable					
5. Disciplinado					
6. Justo					
7. Amable					
8. Hospitalario					
9. Amante de lo bueno					
10. Santo					

1. En la columna de "Autoevaluación," escribe el número que asignaste a cada rasgo de carácter.

2. En las columnas de Evaluador 1, 2 y 3, registra la puntuación que cada evaluador asignó en la fila correspondiente.

3. Suma los valores de cada fila y registra el resultado en la columna "Total."

Uso de los Resultados

Puntuación ERC
Cristo ejemplificó un carácter perfecto en cada área de Su vida. A medida que te esfuerces para ser como

Él, te convertirás en un líder semejante a Cristo en tu hogar y en tu iglesia.

Los resultados de la ERC te ayudarán a enfocarte en las áreas de tu carácter que más necesitan crecer.

Aunque es vital desarrollar un carácter Cristo céntrico en las diez áreas presentadas en este libro, para fines de este ejercicio, concéntrate en las tres áreas en las que obtuviste la puntuación más baja.

Al completar el siguiente ejercicio, hazlo con honestidad y humildad. Tu meta es crecer, no impresionarte a ti mismo.

Preguntas

1. ¿Cuáles fueron las tres dimensiones del carácter con menor puntuación?

2. ¿Qué te sorprendió de los resultados?

3. ¿Hubo rasgos en los que te puntuaste diferente que tus evaluadores? ¿Por qué crees que fue así?

Nota: En nuestra experiencia, los evaluadores suelen calificarte con más precisión que tú mismo. Tus amigos cercanos pueden ver tu fruto con más claridad de lo que tú puedes verlo, pues cada persona se conoce por su fruto (Lucas 6:44).

Acciones a Tomar
Concéntrate en las tres áreas de tu carácter que más necesitan mejorar y toma las siguientes acciones:

1. Ora. No puedes crecer en carácter semejante a Cristo por ti mismo; necesitas la ayuda y el poder de Dios. Ora regularmente para que Dios moldee tu carácter y te haga como Cristo.

2. Busca rendir cuentas. Invita a tu cónyuge u otro creyente a ayudarte, y dale permiso para señalarte cuando no estés alcanzando la meta.

3. Lee y relee los capítulos que se relacionan con tus áreas débiles. En cada capítulo, asegúrate de responder a las preguntas de reflexión personal ubicadas en la Guía de Estudio. Estas preguntas están diseñadas para ayudarte a aplicar principios bíblicos a tu vida y crecer en semejanza a Cristo.

4. Está atento constantemente a las oportunidades para practicar estos rasgos. Si estás alerta, verás muchas ocasiones en las que Dios te dará oportunidades para moldearte y desarrollarte. Aprovecha estas oportunidades de crecimiento.

5. Comprométete con un patrón de crecimiento de por vida en carácter semejante a Cristo, confiando en que *el que comenzó en vosotros la buena obra, la perfeccionará hasta el día de Jesucristo* (Filipenses 1:6).

Nota: Recuerda que la ERC es simplemente una herramienta para ayudarte a tener mayor claridad sobre tu carácter.

Nuevos comienzos para los que han caído

Este libro ha descrito el carácter necesario para ser líderes en la casa de Dios. Pero, ¿qué pasa con aquellos de nosotros que ya hemos tenido una caída moral que, por nuestras fallas de carácter, parece descalificarnos del servicio en el Reino? ¿Hay alguna esperanza para nosotros?

¡El evangelio dice que sí! Redime y restaura lo que ha sido destruido. Es el mensaje por excelencia de amor, gracia y perdón. Demuestra con evidencia contundente que Dios no es como nosotros, pero aun así envió a Su Hijo para hacerse como uno de nosotros y salvarnos de nuestra propia autodestrucción. Por eso el evangelio es tan buena noticia: como agua fría para el alma sedienta (Proverbios 25:25).

El corazón del mensaje del evangelio reconoce que las personas fallan, pero Dios restaura. Las personas arruinan, pero Dios remedia. Si Dios llevara cuenta de nuestras iniquidades, jamás seríamos dignos de ser usados por Él ni podríamos presentarnos perdonados ante Su presencia (Salmo 130:3). Así que Dios hace por nosotros lo que no podemos hacer en nuestra debilidad (Romanos 5:6; 8:3), pagando el precio de nuestra culpa y eliminando el poder del pecado. Pablo dijo, cuando el pecado abundó, *sobreabundó la gracia; para que así como el pecado reinó para muerte, así también la gracia reine por la justicia para vida eterna mediante Jesucristo, Señor nuestro* (Romanos 5:20-21). ¡Qué gracia tan asombrosa! Una gracia tan grande que Dios concede segundas oportunidades, terceras, y tantas como sean necesarias a todo corazón arrepentido, y está dispuesto a usar a cualquier vasija humilde y verdaderamente arrepentida —¡incluso las quebradas! — para marcar la diferencia en Su Reino.

A pesar de nuestras caídas pasadas, Dios mira hacia adelante. Si nos arrepentimos de nuestro pecado, aceptamos Su corrección y seguimos Su guía, podemos levantarnos de nuestras fallas pasadas y decir, *Pero por la gracia de Dios soy lo que soy; y su gracia no ha sido en vano para conmigo* (1 Corintios 15:10). Podemos dudar de nosotros mismos, pero no dudemos de lo que Dios está dispuesto y es capaz de hacer con aquellos que están quebrantados. Hay esperanza, y solo está en Él. *Espere Israel a Jehová, porque en Jehová hay misericordia, y abundante redención con él... Bendito el Señor; cada día nos colma de beneficios el Dios de nuestra salvación* (Salmo 130:7; 68:19).

Porque el evangelio está vivo, el pasado es pasado, hoy es un nuevo día, ¡y el futuro luce verdaderamente espectacular! (Jeremías 29:11). Recibe la esperanza que Cristo te ofrece y pon tu fe en Él para comenzar de nuevo.

Guía de Estudio

Preguntas para Discusión en Grupo y Reflexión Personal

Esta guía de estudio te ayudará a repasar, evaluar y aplicar lo que has aprendido en este libro. Cada capítulo contiene cinco preguntas que puedes usar para discusión en grupo o reflexión individual. Oramos para que esta guía sea una herramienta de transformación espiritual mientras procuras ser un líder que se presenta ante Dios como aprobado (2 Timoteo 2:15).

Capítulo 1: Sé Irrepensible

Tu carácter importa. Importa más que el trabajo que haces y más que el tamaño de tu ministerio. Al comienzo de la lista de cualificaciones de Pablo para los líderes de iglesia está ser irreprensible. Si un líder no es irreprensible y su carácter puede ser puesto en duda, no tiene lugar en el liderazgo de la iglesia. El llamado a ser intachable no significa que somos sin pecado, pero sí que tenemos una reputación de carácter piadoso sin causa evidente para acusaciones morales. ¿Procuras evitar incluso la apariencia del mal en tu vida?

Preguntas para discusión o reflexión:

1. La búsqueda de la piedad debe ser la máxima prioridad de un líder. Lee los siguientes versículos de 1 Timoteo que enfatizan la vida piadosa: 2:2; 4:7-8; 5:4; 6:3; 6:6; 6:11. ¿Cómo puedes aplicar cada uno de estos versículos a tu vida? Sé específico.

2. Uno de los autores compartió una resolución personal para mantenerse intachable. Su resolución funcionaba como una barrera de protección para vigilarse a sí mismo (Efesios 4:16). Crea tu propia resolución que funcione como una guía para mantenerte en el camino de la piedad. Una vez finalizada, colócala en un lugar visible para recordarte tu compromiso de ser irreprensible.

3. Los líderes de la iglesia modelan cómo vivir y comportarse para los miembros de sus congregaciones. Por eso, debemos:

   a. practicar lo que predicamos,

   b. obedecer las leyes,

   c. decir la verdad,

   d. evitar el chisme,

   e. mantenernos firmes en la fe durante pruebas y tribulaciones, y

   f. vivir de manera piadosa en la comunidad, la iglesia y el hogar.

   Describe una forma específica en que puedes mejorar en cada una de estas seis áreas.

4. ¿Cómo modela Jesús la intachabilidad?

5. ¿Cómo cultivarás específicamente la intachabilidad en tu (1) matrimonio, (2) hogar y, (3) ministerio?

Capítulo 2: Sé Humilde

Jesús puso a Dios primero y se sometió perfectamente a Él. Al contemplar el camino de obediencia que tenía por delante, oró a Su Padre, No sea como yo quiero, sino como tú (Mateo 26:39). Jesús fue un siervo humilde que dependía por completo de Su Padre, y nunca actuó por cuenta propia (Juan 5:19). Dios desea que cultivemos la humildad y que seamos siervos obedientes a Su voluntad. Permite que el Espíritu Santo te revele cualquier área de autosuficiencia que deba morir. Luego ten fe en que Jesús transformará tu corazón para que camines en humildad semejante a la de Cristo.

Preguntas para discusión o reflexión:

1. Los líderes humildes son líderes siervos. Describe cinco maneras en que puedes servir a quienes lideras. Sé específico. ¿Cómo puedes poner en práctica tus ideas?

2. ¿Cuáles son las características de las personas humildes según este capítulo? ¿Por qué crees que es esencial que los líderes sean humildes?

3. ¿Tienes una opinión modesta de ti mismo? Para evaluarte honestamente, responde a las siguientes preguntas:

   a. ¿Te sientes superior a quienes trabajan contigo o para ti?

b. ¿Fallas en reconocer regularmente la deuda que tienes con tus mentores u otros?

c. ¿Desacreditas los motivos o logros de los demás?

d. ¿Esperas que otros te sirvan o se sometan a ti?

e. ¿Antepones tu propio éxito al de los demás?

f. ¿Actúas de manera egocéntrica según quienes te rodean?

¿Qué harás para asegurarte de considerar a los demás como más importantes que a ti mismo? (Filipenses 2:3)

4. ¿Cómo modela Jesús la humildad?

5. ¿Cómo cultivarás específicamente la humildad en tu (1) matrimonio, (2) hogar y (3) ministerio?

Capítulo 3: Sé un Administrador de tu Familia

El liderazgo espiritual comienza en el hogar. Si no puedes gobernar bien tu casa, la Biblia dice que no estás calificado para liderar la casa de Dios (1 Timoteo 3:4-5). Ya que tu hogar es el campo de prueba para el liderazgo en la iglesia, es vital ser un cónyuge y un padre que ama y sirve como Cristo Jesús.

Preguntas para discusión o reflexión:

1. Esposos: ¿Cómo se ve el amar a tu esposa como Cristo amó a la iglesia y se entregó por ella? ¿De qué manera puedes comenzar a amar a tu esposa de esa forma hoy?

   Esposas: ¿Cómo se ve el amar a tu esposo y someterte a él? ¿De qué manera puedes comenzar a amar a tu esposo así desde hoy?

2. La pornografía es una plaga en nuestra sociedad. Arruina la vida tanto de creyentes como de no creyentes. Haz una lista de todas las formas en que la pornografía puede y efectivamente destruye vidas.

3. Los supervisores de la iglesia deben tener expectativas no negociables en el hogar. Crea una lista de al menos siete expectativas para tu familia. Puedes basarte en la lista presentada en este capítulo o crear algunas propias. ¿Cómo guiarás a tu familia para cumplir con estas expectativas?

4. ¿Cómo modela Jesús la buena administración del hogar?

5. ¿Cómo cultivarás específicamente ser un buen administrador de tu familia en tu (1) matrimonio, (2) hogar y (3) ministerio?

Capítulo 4: Sé Confiable

¿Dirían las personas que eres confiable? La confianza es algo frágil. Se rompe fácilmente, y una vez rota, es difícil de restaurar. A veces, nunca se repara. Los líderes confiables conocen un secreto valioso: mantener la confianza es más fácil que recuperarla.

Preguntas para discusión o reflexión:

1. Las personas confiables cumplen su palabra, siguen un horario y son puntuales. ¿Por qué crees que un líder en la iglesia debe destacarse en estas tres áreas? ¿Cómo te desempeñas en ellas?

2. ¿Cómo destruyen las "mentiras piadosas" o pequeñas mentiras la credibilidad tanto como lo hacen las grandes mentiras?

3. ¿Por qué debe ir de la mano la competencia con la honestidad? ¿De qué manera se vuelven no fidedigno las personas que son incompetentes en sus áreas de liderazgo o experiencia?

4. ¿Cómo modela Jesús la confiabilidad?

5. ¿Cómo cultivarás específicamente la confiabilidad en tu (1) matrimonio, (2) hogar y (3) ministerio?

Capítulo 5: Sé Disciplinado

Todo líder en la iglesia debe ser disciplinado. Eres un administrador de lo que pertenece a Dios y de Su pueblo. Eres responsable de cuidar las necesidades espirituales del rebaño. Tal cuidado no puede administrarse de forma aleatoria ni sin intención. Debes ser disciplinado para manejar las cosas de Dios. La disciplina es necesaria tanto en tu vida privada como en las responsabilidades que tienes en la iglesia.

Preguntas para discusión o reflexión:

1. Describe dos áreas de tu vida en las que careces de autodisciplina. ¿Qué puedes hacer específicamente para mejorar en estas áreas?

2. ¿Qué problemas podrían surgir en una iglesia bajo el liderazgo de una persona indisciplinada?

3. Describe tres pequeños cambios que puedes hacer en tu rutina para mejorar tu salud (por ejemplo: comer porciones más pequeñas, estacionarte más lejos, salir a caminar después de comer). ¿Cuándo comenzarás a hacer estos cambios?

4. ¿Cómo modela Jesús la disciplina?

5. ¿Cómo cultivarás específicamente la disciplina en tu (1) matrimonio, (2) hogar y (3) ministerio?

Capítulo 6: Sé Justo

El profeta Miqueas lamentó la pérdida de la piedad en su época, enumerando los pecados de los reinos del norte y del sur. Estos incluían la idolatría (Miqueas 1:7), la creencia de que el sacrificio personal satisface la justicia de Dios (6:6-7), y prácticas comerciales corruptas y violencia (6:10-12). No es de extrañar que exclamara, *Faltó el misericordioso de la tierra, y ninguno hay recto entre los hombres* (Miqueas 7:2). También vivimos tiempos impíos, viendo cada vez más el cumplimiento de la profecía de Pablo sobre la impiedad en los últimos días (2 Timoteo 3:1-7). Los líderes de iglesia deben ser justos y santos (Tito 1:8), *en medio de una generación maligna y perversa, en medio de la cual resplandecéis como luminares en el mundo* (Filipenses 2:15).

Preguntas para discusión o reflexión:

1. ¿Cómo has visto que el favoritismo cause problemas en familias, iglesias u otras organizaciones? ¿Por qué es esencial evitar el favoritismo en la iglesia?

2. Para tomar decisiones justas, debemos orar por sabiduría, buscar consejo piadoso, consultar la Palabra de Dios y procurar glorificar a Dios. Piensa en una decisión que estás enfrentando. ¿Cómo pueden ayudarte estos cuatro pasos a asegurar que tu decisión sea sabia y piadosa?

3. Los cuatro pasos de la restauración bíblica son: Glorifica a Dios, saca la Viga de Tu Propio Ojo, Restaura con Mansedumbre y Ve y Reconciate. Los dos primeros pasos a menudo se pasan por alto en el proceso de reconciliación. ¿Por qué son tan importantes estos dos pasos?

4. ¿Cómo modela Jesús la rectitud?

5. ¿Cómo cultivarás específicamente la rectitud en tu (1) matrimonio, (2) hogar y (3) ministerio?

Capítulo 7: Sé Amable

Jesús fue *manso y humilde de corazón* (Mateo 11:29). Cuanto más permitimos que Su Espíritu viva en nosotros, más daremos el fruto del amor, gozo, paz, paciencia, benignidad, bondad, fidelidad, mansedumbre y dominio propio (Gálatas 5:22-23), siendo como Él en todos nuestros caminos. Que las personas en tu iglesia y en tu hogar puedan decir que eres manso y humilde de corazón, respondiendo a las palabras duras con bondad y hablando la verdad con amor y gracia.

Preguntas para discusión o reflexión:

1. Pablo descalifica del liderazgo a quien no es amable. ¿Por qué crees que hace esto? ¿Puede un líder ser fuerte y amable a la vez? Da un ejemplo bíblico de un líder fuerte pero amable.

2. Salomón dijo, *La blanda respuesta quita la ira, más la palabra áspera hace subir el furor* (Proverbios 15:1). Describe una situación de tu experiencia en la que una respuesta amable apaciguó la ira de alguien. Ahora describe una situación en la que tus palabras duras provocaron que alguien se enojara más.

3. ¿Por qué es importante defender el evangelio con amabilidad en lugar de usar tácticas agresivas al compartir tu fe en medio de oposición?

4. ¿Cómo modela Jesús la amabilidad?

5. ¿Cómo cultivarás específicamente la amabilidad en tu (1) matrimonio, (2) hogar y (3) ministerio?

Capítulo 8: Sé Hospitalario

Dios nos da una hermosa imagen de la hospitalidad. Él prepara una morada para nosotros (Salmo 23:6). Es el Rey que nos invita a Su mesa de banquete (Cantares 2:4). Es el Pastor que nos alimenta espiritualmente a través de Cristo y Su Palabra (Salmo 23:3). Nos invita a Su presencia, trayéndonos bendiciones espirituales en los lugares celestiales (Efesios 1:3) y aceptándonos en el Amado (Efesios 1:6). Podemos confiar en el cuidado y provisión del Señor, y en la bondad que muestra al recibirnos en Su casa.

Preguntas para discusión o reflexión:

1. Cuando alguien recibe hospitalidad, ¿cómo se beneficia esa persona? ¿Muestras intencionalmente hospitalidad a los que están bajo tu cuidado?

2. ¿Sueles abrir tu hogar a (1) otros cristianos, (2) predicadores itinerantes o misioneros, y (3) desconocidos? ¿Por qué sí o por qué no?

3. ¿Cuáles son algunas excusas que algunos creyentes dan para no ayudar a los necesitados?

4. ¿Cómo modela Jesús la hospitalidad?

5. ¿Cómo cultivarás específicamente la hospitalidad en tu (1) matrimonio, (2) hogar y (3) ministerio?

Capítulo 9: Sé Amante de lo Bueno

¿Tienes un corazón crítico o un corazón compasivo hacia los demás y hacia Dios? ¿Pronuncias palabras de queja o palabras de gratitud? Los líderes cristianos que son amantes de lo bueno aman lo bueno y se niegan a quejarse de lo malo. Ven lo mejor en todos y en todo, mostrando una actitud positiva que refleja la mente de Cristo. En esencia, son amantes de lo bueno porque son amantes de Dios.

Preguntas para discusión o reflexión:

1. Piensa en alguien que te resulte especialmente difícil. Ya conoces sus cualidades negativas. En lugar de describir esas características negativas, menciona tres cualidades positivas de esa persona.

2. ¿Sobre qué (o quién) te quejas? Lee Filipenses 2:14-15. ¿Cómo afecta la queja a tu testimonio cristiano?

3. ¿Cuál es la conexión entre ser amante de lo bueno y ser amante de Dios?

4. ¿Cómo modela Jesús ser amante de lo bueno?

5. ¿Cómo cultivarás específicamente ser amante de lo bueno en tu (1) matrimonio, (2) hogar y (3) ministerio?

Capítulo 10: Sé Santo

Dios nos manda ser santos. Pedro escribió, *Como hijos obedientes, no os conforméis a los deseos que antes teníais estando en vuestra ignorancia; sino, como aquel que os llamó es santo, sed también vosotros santos en toda vuestra manera de vivir. Porque escrito está: "Sed santos, porque Yo soy santo"* (1 Pedro 1:14-16).

A. W. Tozer preguntó: "¿Por qué no procuramos ser santos?" Su respuesta: "El problema principal es que nos gustamos demasiado a nosotros mismos. Luchamos por mantener una buena apariencia."[42] A medida que aprendes a tener una perspectiva adecuada de ti mismo, a caminar en la voluntad de Dios y a esforzarte por ser santo, tu familia de la iglesia recibirá los beneficios. Serán guiados por un líder que está conformado al carácter de Dios y obediente a Su voluntad.

Preguntas para discusión o reflexión:

1. Lee Colosenses 3:5-9. ¿Qué pecados de esta lista necesitas hacer morir en tu vida? ¿Qué se necesita para eliminarlos permanentemente?

2. ¿Qué pecados "tolerables" practicas con regularidad? ¿Cómo empezarás a eliminarlos de tu vida? Sé específico.

---

42   A. W. Tozer, *The Crucified Life* (Ventura, CA: Regal, 2011), 120.

3. Todo creyente tiene un papel en su propia santificación. ¿Cuál es el papel de Dios? ¿Cuál es el nuestro? ¿Qué puedes hacer tú para cumplir con tu parte?

4. ¿Cómo modela Jesús la santidad?

5. ¿Cómo cultivarás específicamente la santidad en tu (1) matrimonio, (2) hogar y (3) ministerio?

Acerca de los Autores

Dr. Johnson

Dr. Woolsey

El Dr. Johnson y el Dr. Woolsey son miembros fundadores de *Genesis College & Seminary,* un ministerio internacional que sirve a miles de reclusos en todo el país. Ambos han sido profesores en colegios y universidades cristianas. Johnson ha sido bendecido con cuatro maravillosos hijos y seis nietos muy amados, mientras que Woolsey tiene dos hijos que son una verdadera bendición.

www.genesiscollegeandseminary.com